민낯

민낯

하희경 이사벨라 수필집

들어가는 말

땅만 보고 걸었습니다. 뜨거운 태양과 거친 비바람에 고개를 들 수 없었습니다. 문득 뒤돌아보니 걸어온 발자국이 삐뚤빼뚤 제멋대로입니다. 숨쉬기조차 쉽지 않아 입 다물고 살아온 시간이 산이 되었습니다.

어느 날 문득 글을 쓰기 시작해 쉬지 않고 떠들었습니다. 고백하자면 어떤 일이든 자신 있게 달려들던 저였지만 글 쓰는 일은 쉽지 않았습니다. 어설픈 발자국들이 부끄러워도 다시 시작하기 위해 지난 흔적을 한 권의 책으로 묶어 봅니다. 첫 시작부터 지금 이 순간까지 저를 지켜보시고, 격려해 주신 분들 모두에게 감사드리며 부끄러운 민낯을 보입니다.

■ 차례

005 _ 들어가는 말

1부 나빌레라

013 _ 시인과 여공
017 _ 대전 블루스
023 _ 늘그막에 꽃순이
027 _ 애달픈 가로등
031 _ 45세 남자와 90세 여자의 공통점
036 _ 고양이의 수다
041 _ 나빌레라
047 _ 젊은 남자를 만나다
053 _ 이름 붙일 수 없는 문제
058 _ 뻐꾸기 날려 보내기
065 _ 세 가지 소원

2부 그해 여름 소나기

075 _ 껍데기와 알맹이

080 _ 슈퍼우먼과 진열대

084 _ 혼자 노는 아이

090 _ 알고 싶다

095 _ 그해 여름 소나기

101 _ 내 지갑에 들어 있는 것

107 _ 낙인은 무소불위다

114 _ 사월이면 생각나는 사람

118 _ 도둑질하는 여자

124 _ 길고 긴 밤

128 _ 빨간 스웨터

131 _ 취중진담

■ 차례

3부 천사의 그림자

137 _ 종자돈 삼천 원

140 _ 그녀를 만나다

145 _ 그 밤을 다시 만난다면

152 _ 달달한 시금치

154 _ 천사의 그림자

159 _ 남편의 여자 친구

165 _ 마두금 소리

170 _ 어떤 가족

176 _ 평행선

183 _ 나의 키다리 아저씨

189 _ 가족이란

193 _ 어른이 되고 싶다

4부 낯선 그녀가 좋다

201 _ 달을 물고 있는 까치

205 _ 낯선 바람의 향기

210 _ 미로에서 길 찾기

214 _ 나의 소풍

219 _ 봄

224 _ 그녀는 이별 중

230 _ 낯선 그녀가 좋다

234 _ 꿈을 꿉니다

238 _ 바쇼 하이쿠 선집을 읽다

242 _ 내가 글을 쓰는 이유

246 _ 프리마돈나

250 _ 사랑만 하고 싶다

■ 하희경 이사벨라 수필집 해설 | 박진희

254 _ 생에 대한 긍정에 이르는 그 가열한 발걸음

1부

나빌레라

지금 나는 '나빌레라'란 단어에서 하얀 나비가 하늘하늘 날아오르는 모습을 떠올린다. 비에 젖어 옴짝달싹 못하던 나비가 자유롭게 하늘로 날아가는 모습을 상상한다.

시인과 여공

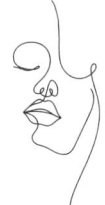

    당신의 밤 세시는 길 밖으로 거침없이 흘러간다. 나의 새벽 세 시는 내 안으로 가만히 흘러들어온다. 우리는 서로를 알지 못한다. 다만 한때나마 사나운 서울 거리를 비틀거리며 걸었다는 사실이 있을 뿐이다.

    세 살 차이인 당신과 나는 오누이나 선후배가 아니다. 친구이거나 연인사이는 더더구나 아니다. 찰나의 스침조차 없었던 당신과 내가 공유한 것은 극히 작은 부분들이다. 당신의 위대한 역사와 나의 소소한 역사에는 관악산 밑동에 찍힌 발자국과 글자들을 향유한 시간이 있을 뿐이다. '신림 중학교', '신림동 산101번지'에 끼어 있는 '신림'이라는 글자가 특별하다고 해야 할까?

당신이 신문기자이고 시인일 때 나는 시가 무엇인지 몰랐다. 그럼에도 당신의 가슴에서 속닥거리는 말들이 내 안에도 있었다. 눈뜨고 감는 어느 한순간도 쉬지 않고 글자들이 난분분하게 자리하고 있었다. 어쩌면 바람 부는 황무지에서 건져 올린 단어들을 햇살 아래 펼치고 싶은 충동이 우리의 공통점일지 모른다.

신문기자인 당신이 안개 낀 거리에서 겁탈당하는 한 여공을 이야기하는 순간, 나는 겁탈을 범죄가 아닌 청혼이라고 생각하는 남자에게서 도망치는 여공이었다. 어느 날인가 당신이 아버지의 부재를 안타까워하는 시를 쓸 때, 나는 그다지 늙지 않은 아버지를 어깨에 짊어졌다. 장맛비에 떠내려 온 당신 아버지가 창문에 흐르는 빗줄기를 따라 우수수 지워질 때, 빗물 새어드는 이부자리에 정좌한 내 아버지는 한사코 술잔을 놓지 않았다. 세 살 많은 당신은 아버지를 그리워하고 꼭 세 살 아래인 나는 아버지를 힘겨워했다.

둥우리가 아닌 낯선 도시 서울에서 지방 사람은 난폭한 게 당연하다는 당신의 말에 이제야 고개를 끄덕이는 나는 퍽이나 늦된 사람이다. 캄캄한 벽을 긁는 날카로운 금속성 소리에 서둘러 눈 감고 귀를 막는 행인들, 그들의 검은 밤을 가로지르던 당신과 내가 한 번도 만난 적이 없다는 게 조금은 아쉽다.

한 번도 보지 못한 당신이 말 안 듣는 육체를 침대 위에 집어

던진다. 지나치게 말 잘 듣는 나는 다락방에 몸을 누이고 아쉬운 마음으로 등잔불을 끈다. 그때 내가 당신을 만났더라면, 불 끄라는 엄마 말은 간단히 무시하고 침대에 부려진 당신을 탐했을지도 모른다. 그랬다면 나는 당신이 군복을 입었을 때 만났던 몇 번이나 아이를 지우다가 끝내 자신의 생조차 헤아리지 못하는 여자라 해도 좋았을 것이다. 당신이 당신의 누이였던 나를 알아보지 못하고 하룻밤 여자로 스쳐 지나던 그 밤이었어도 괜찮았을 터이다. 아니, 어쩌면 헤어질 기력조차 없어 연인이 떠나는 것을 망연히 바라만 보던 당신 곁에서 망부석이 되었을지도 모르겠다. 하지만 아무리 당신과 나의 시간을 거슬러 보아도 우리가 마주친 기억은 없다.

혹여 꿈에라도 당신을 만난다면, 사랑을 잃고 빈 집에 앉아 짧은 밤과 이별하면서 문 걸어 잠그는 당신에게 내 사랑을 가만가만 이야기하고 싶다. 차마 건드릴 수 없어 서둘러 떠나보낸 내 사랑과 당신 사랑이 만난다면 짧은 밤이 길어질지도 모르겠다.

1988년 당신이 물속의 사막에서 허우적거릴 때, 나는 한 생명을 물속에서 꺼낸다. 당신의 비틀린 현실이 시 속에서 길을 찾을 때, 시를 모르는 나는 작은방에서 더 작은 아이에게 불편한 현실을 건네준다. 한 번쯤 만났더라면 좋았을 당신이지만 잠깐의 만남도 하지 못한 여공이었던 나는 다만, 시를 노래할지도 모르는 한 아이의 입에 젖을 물린다.

  1989년 당신은 사막을 떠나고 『입 속의 검은 잎』이라는 책을 세상에 남긴다. 여전히 당신의 시를 모르는 나는 당신의 책보다 한 해 먼저 태어난 아이의 붉은 입술을 내려다본다. 일찌감치 비상해버린 당신을 만난 적 없지만, 나는 어쩐지 당신이 한솥밥 먹고 자란 오라비처럼 살갑다. 앞서간 당신을 우러러보며 발뒤꿈치라도 따라가고 싶다. 만약 다음 생이 있어 당신을 만난다면 월급날 라면 한 그릇과 소주 한 병 사주는 친구가 되고 싶다. 혹은 열심히 재봉틀 밟으며 당신의 시에 날개를 달아주는 누이가 되고 싶다. 늦게야 시를 더듬거리면서 한 번도 본 적 없는 당신이 그냥 보고 싶다.

  * 참고 : 문학과 지성사 『입 속의 검은 잎』, 1989년, 기형도.

대전 블루스

『잘 있거라, 나는 간다』라는 제목의 연극을 관람했습니다. 평소 알고 지내는 분이 출연하는 무대였습니다. 지인을 핑계 삼아 오랜만에 소극장 나들이를 한 것입니다. 보는 내내 칠십 대가 맞을까 의심이 갈 정도로 열정 넘치는 무대였습니다. 「대전 블루스」란 노래와 대전역 주변의 소제동이란 동네를 배경으로 연인의 이별과 만남을 60년대 서민의 삶을 통해 그린 연극이었습니다. 스토리는 그 당시 우리 사회에서 흔히 있을 수 있는 내용이었습니다.

 전쟁 후 혼란한 사회에서 사랑하는 연인이 대전역에서 이별합니다. 전쟁 통에 헤어진 아버지를 찾아 곧 돌아오겠다며 떠나간 남자는 소식이 없습니다. 여자는 미혼모로 아이를 낳아 키우며 대전역 근처의 소제동이란 동네에서 늙어갑니다. 떠난 지 육십 년만에야 남자가 돌아옵니다. 애지중지 키우던 귀한 아들을 병으로 잃고, 혼자 살던 여자 역시 병에 걸려 죽을 날이 얼마 남지 않은 상태였습니다. 사랑하던 여인의 몸도 정신도 온전하지 못한 모습을 보며, 마지막 순간이나마 곁을 지키려는 남자의 모습이 안타까웠습니다. 얼마나 많은 연인이 헤어졌으며 몇 쌍이나 늦게라도 만날 수 있었을까요.

사실 연극을 보러 갈 상황은 아니었습니다. 난 몇 년 전부터 병원을 내 집 드나들 듯이 다니면서 치료를 받는 중이기 때문입니다. 꾸준한 치료로 몸을 움직이는 일은 많이 자유로워졌지만 눈은 여전히 빛에 민감합니다. 오전에 영상 강의를 듣고 곧바로 오후에 연극을 본다는 건 내게 쉽지 않은 일입니다. 소극장이 있는 유성으로 지하철을 타고 가면서 연극이 시작되면 눈 감고 소리라도 듣자는 생각을 했습니다. 그런데 말입니다. 소리만 들어야지 했던 다짐이 무색하게 연극에 푹 빠지고 말았습니다.

당신도 기억하나요? 삼십 년도 넘은 오래전에 우리도 대전역에서 만남과 이별을 했던 것을 말입니다. 당신이 대전에서 공군으로 복무할 때였습니다. 두세 가지 일을 밥 먹듯이 하면서도 짬을 내어 당신을 만나기 위해 대전에 오고는 했습니다. 물론 결과적으로 헤어지기는 했지만 대전역이 우리의 마지막 장소는 아니었습니다. 그럼에도 불구하고 연극을 보면서 당신을 떠올리게 된 것입니다. 대전역 앞을 수없이 오가면서도 딱히 당신 생각을 하진 않았는데 어째서 갑자기 떠올랐을까요. 아마도 연극의 시대적 배경이 옛 기억을 불러들여서 그런가 봅니다.

이제야 말하지만 당신이 군 복무를 하고 있는 동안에는 마음 놓고 사랑할 수 있었습니다. 군인과의 사랑에는 현실이 그다지 영향을 끼치지 않으니까요. 문제는 당신이 제대하고 학교에 복학하면서부터였습니다. 너무나도 다른 환경과 다른 처지, 비록 당신은 어머니를 일찍 여읜 아픔이 있다지만 여전히 파릇한 꿈을 가진 대학생의 신분이었습니다. 그거 아세요? 초등학교를 간신히 졸업한 구로공단 공순이에게 대학생은 하늘의 별처럼 아득하다는 걸 말입니다.

당신을 만날 때면 초라해지는 나를 어쩔 수 없었습니다. 당신 친구들의 눈부신 웃음 속에서 어설픈 웃음을 띠고 엉거주춤 앉아 있어야만 하는 그 마음을 당신은 알지 못했을 것입니다. 당신이 좋은 사람이듯이 당신 친구들 역시 선한 사람들이었습니다. 누구 하나 내게 싫은 소리 하지 않고 세심하게 배려해주곤 했습니다. 하지만 당신과 당신의 친구들을 만날 때면 그곳엔 내가 속할 자리가 없다는 생각이 떠나질 않았습니다.

언젠가 학교에서 축제가 있다며 나를 초대한 적이 있지요.

큰맘 먹고 공장도 결근하고 학교에 갔습니다. 그곳에서 나는 무엇을 보았을까요? 젊은이들이 거리낌 없이 웃고 떠드는 모습을 보면서 난 당신과의 현실적 거리를 생각했습니다. 당신은 가난은 문제되지 않는다고 했습니다. 학식도 별게 아니라고 했습니다. 하지만 말입니다. 아무리 그렇게 말해도 나는 당신 앞에 서면 한없이 작아져만 갔습니다. 어쩐지 적선을 받는 불우이웃이 된 것처럼 안절부절하곤 했습니다. 아무리 당당한 척 해도 당신의 세계에 들어서면 티끌만도 못한 존재가 되곤 했습니다. 처음엔 알지 못했습니다. 사랑하는데 어째서 당신을 만나면 불편한지를 말입니다.

그날 학교에서 당신 친구가 다가와 조용히 말하기 전까지는 몰랐습니다. 그녀는 당신을 사랑한다고 하더군요. 그날 축제를 즐기면서 당신 곁을 맴도는 그녀를 보았습니다. 햇살을 받아 반짝이는 그녀가 그늘 하나 없이 환하게 웃는 모습이 아름다웠습니다. 그 모습을 보면서 그녀와 나의 차이가 얼마나 큰지를 알게 되었습니다. 축제가 끝나면서 나의 사랑도 끝났습니다.

난 점차 당신과 거리를 두기 시작했습니다. 한동안 당신은 나를 찾아와 애원하곤 했습니다. 학교를 그만두고 공사장이라도 나갈 테니 그냥 같이 살자고 했습니다. 때때로 마음 약해져서 당신 뜻대로 하고 싶었습니다. 하지만 그러기에는 알량한 자존심이 허락하지 않았습니다. 난 사랑하는 당신에게 구차한 짐이 되고 싶지 않았습니다. 무엇보다도 당신이 그 말을 할 때마다 단 한 번 만난 그녀의 얼굴이 떠올랐습니다. 난 결국 아무도 모르게 집을 나와 장애인 공동체로 들어갔습니다.

시간이 약이란 말이 맞나 봅니다. 그렇게 나는 그 세계를 떠나 다른 세상에서 살게 되었습니다. 나와 비슷하게 가난한 사람과 결혼을 하고 아이를 낳고 지금까지 살고 있습니다. 가끔 당신 생각이 나면 그때 다른 선택을 했다면 어떤 삶을 살고 있었을지 궁금해집니다. 아마도 그리 썩 좋은 결말은 아니었을 것입니다. 현실의 벽은 의외로 완강하고 두터우니까요.

연극을 보면서 우리의 젊은 날이 떠올랐습니다. 그 시대 종종 있었던 공순이와 운동권 대학생 간의 사랑이 그나마 추하게 끝나지 않아 다행이라고 해야 할지, 아니면 전력을 다하지 않고 적당히 발을 뺀 내가 비겁하다고 해야 할지 난 모릅니다. 분명한 건 한 때 내게도 사랑이 있었다는 것입니다. 그 사랑을 내려놓으면서 나의 청춘은 끝났습니다.

아주 가끔은 당신이 보고 싶습니다. 당신을 잊으려고 젊은 날 함께 했던 친구들과 완벽하게 거리를 두고, 전혀 다른 세상에 살면서도 가끔 그 시절의 파란 하늘이 그립습니다. 연극이 끝나고 제법 먼 거리를 걸어 집으로 왔습니다. 당연한 결과로 녹초가 된 몸으로 누워 생각합니다. 지금 이 순간 당신은 어디서 무엇을 하고 있을지, 당신 곁을 맴돌던 그녀와 행복한 가정을 꾸리고 있는지 말입니다. 아이는 몇이나 있는지, 가끔 내 생각을 하는지 궁금합니다.

늘그막에 꽃순이

　최근에 알고 지내는 사람들은 나를 보고 꽃순이라고 한다. 그건 내가 꽃 사진을 많이 찍기 때문이다. 친구들에게 인사를 하거나 글을 쓸 때 꽃 사진으로 향기를 더하는 걸 보면서 붙여진 별명이다. 한 친구는 내게 팔월이 되면 몽골에 꼭 가보라고 하면서 그 무렵의 몽골은 야생화 천국이라고 일러준다. 또 다른 지인은 '하 샘은 알제리에 가면 사진 찍느라고 정신없을 거'라며 알제리의 꽃이 얼마나 아름다운지를 말하기도 한다. 그렇게 많은 이들이 나를 꽃순이라고 부른다.
　예전과 달리 요즘은 도심에서 흔하게 꽃을 볼 수 있다. 전에는 특정 지역에 가야만 만날 수 있는 상사화, 튤립, 수련 같은 꽃도 가정집 울타리 안이나 도로변에 많이 심어져 있다. 덕분에 나처럼 이동수단이 제한된 사람도 꽃 사진이라면 얼마든지 찍을 수 있다. 난 꽃을 찍을 때 주로 접사로 찍는다. 접사란 작은 피사체를 가까이 다가가서 찍는 것을 말한다. 클로즈업이라고도 불리는 접사로 사진을 찍는 데는 지극히 현실적인 이유 때문이다.

처음 사진을 찍기 시작할 무렵이다. 낯선 동네를 걷다가 담장을 따라 핀 월하부인(으름)을 발견하고 신이 나서 사진을 찍었다. 나중에 집에 와서 사진을 보는데 초점이 맞지 않아 흐릿한 게 꽃의 형태를 제대로 볼 수 없었다. 눈의 이상으로 사물이 뚜렷하게 보이지 않아 대충 방향만 맞춰 찍은 탓이다. 어찌나 아쉽던지 그 일 이후로 꽃을 보면 가까이 다가가서 핸드폰의 카메라를 최대한 확대해서 사진을 찍었다. 그런데 전화위복이라고 해야 할까? 평소 눈으로 잘 보지 못하던 꽃잎이나 꽃술이 의외의 표정을 지니고 있다는 걸 알게 되었다. 찍은 사진을 확대하기도 하고 일정 부분을 잘라내기도 하면서 꽃 사진의 매력에 흠뻑 빠지게 된 것이다.

특별한 일이 없는 날이면 작은 가방에 책 한 권을 넣고 밖으로 나간다. 집을 나설 때는 공원까지 운동 삼아 걸어가서 벤치에 앉아 책을 읽으려고 작정한다. 하지만 걷다 보면 거리에서 만나는 꽃들에 반해서 책은 까맣게 잊어버리고 만다. 길을 걷다가 배시시 웃는 꽃을 보면 핸드폰으로 이리저리 방향을 바꿔가며 꽃의 다양한 표정을 찍는다. 때로는 쪼그려 앉기도 하고 있는 힘껏 팔을 들어 올려 위에서 내려다보는 형식 등 여러 가지 방법으로 찍어본다.

가끔은 남의 집 담장을 기웃거리다가 집주인을 만나기도 한다. 그럴 때면 가까이 가서 찍어도 되는지 양해를 구한다. 꽃을 좋아하는 사람들이라 그런지 대부분 기꺼이 대문을 열어준다. 한번은 꽃집 앞에서 작은 화분에 심어진 다육 식물이 앙증맞게 꽃을 피우고 있는 것을 보았다. 주인에게 사진을 찍어도 되냐고 물었더니 흔쾌히 그러라고 한다. 방향을 바꿔가며 몇 장의 사진을 찍는데

"늙은 호박씨를 받아놓은 게 있는데 드릴까요?" 하고 묻기에
"고맙지만 심을 곳이 없어요."라고 대답하고 돌아선 적도 있다.

오랫동안 꽃의 아름다움을 알지 못하고 지냈다. 아침부터 저녁까지 일에 매여 있었다. 한 가지 문제를 겨우 끝내면 곧바로 해결해야 할 일이 줄을 이었다. 꽃 사진 찍기는 이런저런 사정으로 백수가 되고 운동을 해야만 하는 상황이 되어서야 시작한 일이다. 아주 오래전에 카메라를 들고 여행하는 꿈을 꾼 적이 있다. 그 꿈은 현실에 치여 이루지 못할 꿈이기에 지금 이 순간을

즐기기로 작정한 것이다.

    병원에 가거나 수업을 들으러 갈 때 오늘은 어느 방향으로 갈지 궁리한다. 같은 값이면 다홍치마라고 되도록 가보지 않은 길을 선택해서 어떤 꽃을 만나게 될지 두근거리는 마음으로 출발한다. 가끔은 새로운 꽃을 만나고 때로는 늘 보던 꽃이 색다른 표정을 연출하는 것을 보기도 한다. 꽃을 찾아다니는 길은 날마다 여행하는 것이나 다름없다. 걸으면서 사진을 찍고 집에 돌아와 들여다보면서 꽃이 하는 말을 상상해 보는 순간들이 좋다.

애달픈 가로등

　하늘이 그동안 맺힌 게 많았나 봅니다. 몇 날 며칠 울기만 하는 바람에 사방천지 습기 마를 날이 없습니다. 연일 쏟아지는 빗속에 그는 어떻게 지내는지 궁금합니다. 잠시 비가 그친 오늘에야 기척 없던 그가 슬그머니 고개를 내밉니다. 거센 빗줄기에 마음마저 젖었는지 힘이라곤 찾아볼 수 없는 그가 안쓰럽기만 합니다. 그이를 언제 처음 봤는지 정확한 날짜는 잊었습니다. 어느 날 불쑥 눈앞에 나타나 오랜 시간 내 곁을 왔다 갔다 했습니다.

　작은 보따리를 들고 고개 숙인 여자와 지하로 걸어 들어가던 그이가 기억납니다. 그들은 하하 호호 웃기도 하고 한숨 소리와 뒤척이는 소리로 잠을 설치기도 했습니다. 그들을 만난 후 굴속

같은 지하 방 동정을 살피는 일은 나에게 빼놓을 수 없는 일과가 되었습니다. 동굴 같은 방에서 그들이 무슨 일을 하는지 보이지는 않았지만 소리는 가감 없이 내게로 옵니다. 오래지 않아 엄마의 자궁을 박차고 아이들이 캄캄한 굴속에서 밖으로 나오기 시작합니다. 하나, 둘, 셋 거침없이 튀어나와 까르륵 웃어대는 아이들이 무척이나 예뻤습니다.

아이들의 재롱에 환하게 웃는 그이 모습이 세상을 다 가진 것처럼 행복해 보였습니다. 왜 어떤 사람에게는 행복한 순간이 그리 쏜살같이 지나가는지 모르겠습니다. 골목이 온통 제 것이라도 되는지 신나게 뛰어놀던 아이들에게 무슨 일이 생겼나 봅니다. 찌푸리고 언성 높이며 그이를 향해 삿대질까지 합니다. 세상 누구보다 순하기만 한 그는 그저 말없이 아이들의 악다구니를 보고만 있습니다. 그런 날 밤이면 그이는 슬그머니 내 곁에 앉아 받지도 못하는 소주잔을 건네곤 합니다. 온기라곤 하나도 없는 내게 기대어 소주잔을 멍하니 바라보는 그의 모습은 오래도록 잊을 수가 없습니다. 오래지 않아 아이들은 보이지 않고 그이만 힘없이 오고 갑니다.

며칠 동안 내리던 비가 잠시 멈춘 아침입니다. 그이가 지친 표정으로 나와 움직이기 시작합니다. 이전에도 여름이면 그이가 곧잘 하던 일입니다. 이웃집 창문 밑에 옷걸이를 내다놓고 물이 줄줄 흐르는 옷들을 척척 걸쳐 놓습니다. 창문이 없는 그이는 옷이 젖어도 남의 집에 걸쳐야만 하니 이웃도 말없이 눈을 감아줍니다. 며칠 만에 보는 그이는 웃음이 사라지고 주름살 사이사이 곰팡이 꽃이 피어 산 사람 같지가 않습니다.

대중없이 옷들을 걸쳐놓고 경사진 통로에 털썩 주저앉은 등이 왜 저리 작아 보일까요. 깊은 굴속에서 작은 소리가 들립니다. 무슨 소리인지 알 수 없을 정도로 작은 소리지만 그는 느릿하게 일어납니다. 아마도 그의 아내가 물이라도 청했나 봅니다. 꽃같이 곱던 그의 아내는 아이들이 떠난 후 정신을 놓고 말았습니다. 비 오는 날이면 아이들 이름을 부르며 거리를 헤매더니 아예 몸도 움직이지 못하는 환자가 되고 말았습니다. 그이는 거리를 돌며 종이를 줍다가도 아내의 끼니를 놓치지 않으려 서둘러 집으로 오곤 했습니다. 그들의 빛나던 시절은 속절없이 빗물에 잠겨 가라앉아 버렸습니다.

잠시 쉬는가 싶던 하늘이 그이의 얼굴을 보고 다시 슬퍼졌나 봅니다. 바보같이 또 빗물을 쏟아내기 시작합니다. 할 수만 있다면 커다란 우산이 되어 거센 빗줄기를 잠시라도 막아주고 싶습니다. 그이의 젖은 옷들이 빗물에 닿지 않게 하고, 주름진 얼굴도 가려주고 싶습니다. 담벼락 주인을 보고 미안한 듯 웃는 그이 눈에 찰랑거리는 샘물을 말끔히 쓸어주고 싶습니다. 모든 걸

내려놓은 듯 웃기만 하는 그이를 꼭 안아주고 싶은데 그러지 못하는 나도 많이 울고 싶은 날입니다. 하늘이 그만 눈물을 멈추고 햇살 한 번 쨍하니 비춰주면 참 좋겠습니다.

- 테마가 있는 에세이, 『일상으로의 초대』, 2020년 12월.

45세 남자와 90세 여자의 공통점

텔레비전에서 김형석 교수님의 인터뷰를 봤다. 젊은 시절 그분의 책을 접한 적이 있지만 '교훈적인 내용이네' 하고 활자만 쫓았을 뿐 건성으로 읽었다. 시대의 지식인이라면 당연히 해야 할 말이라고 생각했다. 교수님은 101세가 되었으니 다시 한 살로 시작이라며, 백세 시대에 행복하게 장수하는 방법에 대해 말씀하신다. 나이가 들어도 젊게 사는 방법 중 하나로 배우는 사람을 언급하면서 말이다. 자신의 인생에서 가장 행복한 시기는 60세에 은퇴하고 공부를 다시 시작했을 때라고 한다. 그 말을 들으면서 마음에 걸리던 부분이 떠올랐다.

평소 알고 지내는 두 사람이 있다. 한 사람은 가까이에, 다른 한 사람은 조금 먼 곳에 살고 있다. 두 사람과 인연이 있는 나는 수시로 안부를 묻는다. 한 사람은 45세의 남자이고, 한 사람은 이제 막 90세가 된 여자 분이다. 두 사람은 서로의 존재를 알지 못하고 얼굴도 본 적 없으며 어쩌다 스치는 일도 없다. 사는 곳도, 하루를 지내는 방식도 다르기 때문이다. 그럼에도 두 사람을 만나는 나의 반응은 한결같다. 잘 지내고 있는지 안부를 주고받은 다음엔 할 얘기가 없다는 것이다. 아무리 궁리해도 함께 나눌 이야기가 없다.

서로 다른 시대를 사는 두 사람에게 한 가지 공통점이 있다. 그건 여가시간 활용 방법이다. 그들은 시간 날 때마다 텔레비전 앞에 앉아 있다. 혼자 사는 45세 남자는 아침 드라마를 보고 출근하고, 퇴근길에 가끔 동료들과 술 한 잔을 한다. 술을 마시거나 안 마시거나 집에 들어가면 잠들기 전까지 드라마나 오락 프로그램을 보며 시간을 보낸다. 90세 여자 분은 특별히 하는 일이 없이 하루의 대부분을 드라마를 보며 울거나 웃곤 한다. 텔레비전을 보지 않는 내게 가끔 드라마 내용을 들려주기도 한다. 그들이 드라마 얘기를 꺼내면 할 말이 없는 나는 듣기만 한다.

언젠가부터 남자를 만나면 안타까운 생각이 들었다. 텔레비전 볼 시간에 책을 읽거나, 취미 생활을 하면 좋을 텐데. 아니, 인생 2모작을 위한 준비를 하면 얼마나 좋을까 싶어서다. 그 남자는 평소 책을 읽고 글을 쓰면서 지내는 나를 신기하게 생각한다. 때로는 나에게 편하게 놀면서 지내지 왜 그리 머리 아프게 사느냐고 묻기도 한다. 그런 그에게 내 말은 뜬구름이나 다름없을 것이기에 혼자 생각하고 말지만 만날 때마다 안타깝다. 결국 우리의 대화는 빈약할 수밖에 없다.

나는 그 남자 분이 더 나이가 들어 어떤 삶을 살게 될지 걱정된다. 젊은 나이에 저렇게 살고 있으니 나이 들면 어떠할까를 생각하면 공연히 안달이 난다. 나는 그에게 김형석 교수님의 말씀을 전하면서 노후의 삶을 준비해 보라고 간곡하게 권하고 싶다.

다른 한 사람 90세 여자는 내가 20대에 만났다. 처음 만났을 때 막 60세가 된 분이었는데 그때부터 노인이라 자처하며 지내셨다.

"노인이 뭘 하냐?"
"이 나이에 그건 해서 뭐 하냐."
"평생 일하느라 지쳤으니 이젠 편하게 살겠다."는 말을 수시로 입에 올리면서 말이다.

만나던 순간부터 지금까지 경로당에 출근하며 고스톱과 텔레비전 시청으로 시간을 보내고 계신다. 요즘은 코로나 때문에 경로당도 가지 못해 종일 텔레비전 앞에 앉아 답답해하신다. 그 여자 분은 30년의 시간을 스스로 노인이 되어 지낸 것이다. 경로당에서 다른 분들의 자식 자랑을 들을 때면 잔뜩 부아가 나서 집에 온다. 혼자 사는 집에 들어와 멀리 있는 자식들에게 전화를 한다.

"김 할매가 그러는데 어느 병원이 잘 본다더라."
"어떤 약을 먹으면 낫는다더라."
"노 할매는 자식이 뭘 보냈더라." 등의 이야기를 하며 하루를 마무리한다.

생각해 보면 새털처럼 지나온 날들이 얼마나 무료할까싶고 안쓰럽다. 김형석 교수님이 가장 행복했다는 60세에, 스스로 노인이 된 여자 분에게 '언제 행복했었는지' 묻고 싶다.

물론 시대적 배경도 무시할 수는 없다. 여자 분이 60세가 된 30년 전에는 그 나이면 노인이라고 생각하는 사람들이 많았다. 일선에서 물러나 경로당이나 공원 등에서 시간을 보내는 사람이 대다수였다.. 그럼에도 그 시기에 김형석 교수님은 은퇴를 하고서도 새로운 공부를 시작했다고 한다. 그 말을 들으며 글을 몰라 평생 한이 된다는 여자 분을 다시 바라본다. 30년 전에 권유했던 한글학교에 가셨더라면 지금 어떤 일상을 보내고 있을지 생각해 본다. 이제는 돌이킬 수 없는 일이지만 무심히 흘려보낸 시간이 안타깝다.

그들은 시대의 변화에 둔감하다. 세상은 하루가 다르게 변해가고 젊은 사람들의 사고는 노인의 사고와 천지차이다. 분명히 지금 60세는 노인이 아니다. 여전히 어떤 사람들은 은퇴를 하는 순간부터 노인이라 자처하면서 어떻게 하면 잘 먹고 잘 놀까 궁리하기도 하지만 말이다. 지금은 은퇴 전부터 제2의 인생을 위해 퇴근길에 학원이나 평생교육원으로 발길을 돌리는 사람들이 많다. 누가 옳고 그른지를 말하자는 게 아니다. 나날이 변화하는 시대에 60세를 넘어가는 사람이 다가올 시간을 어떻게 보내야 할지 생각해 보자는 것이다.

의학의 발전으로 평균 수명이 점점 늘어나고 있다. 요즘 100세 시대라고 하는데 현재 60세인 사람이 100세가 되는 동안 평균 수명은 더 늘어날 게 분명하다. 그럼 지금 은퇴를 하는 사람은 최소로 잡아도 30년에서 40년의 시간이 남은 셈이다. 현 시대에 60세는 청춘이라 할 정도로 건강상태나 생활수준이 월등히 나아진 상태다. 이런 시대에 노인의 길로 들어서는 사람들은 어떤 마음가짐으로 노후를 준비해야 할지 궁리해야 한다. 남아있는 시간을 무엇을 하며 지낼 것인지 결정해야 한다.

고양이의 수다

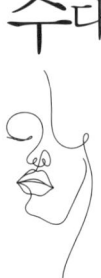

따지고 보면 어느 하루, 새날이 아닌 적 있을까요?

봄이라는 계절 역시 마찬가지입니다. 그래도 이왕이면 새봄 새날을 기분 좋게 맞이하고 싶습니다. 춥고 시린 겨울은 끝났지 싶어 따스한 햇살을 기다린 지 제법 됩니다. 아마 한 보름은 됐을 겁니다. 이제나저제나 연둣빛 고운 새봄을 맞이하려고 하늘만 살핀 것이 말입니다. 그런데 영 하늘이 협조하지 않더군요. 새로 나는 풀잎처럼 뽀송뽀송하고 싶은데 햇살이 내릴 듯 말 듯 하면서 괜스레 마음만 뒤숭숭하게 하니 말입니다. 오늘 아침에도 느려 터진 봄이 짜증이 나서 하늘 한 번 째려보았네요. 그래도 조만간 봄은 오겠지요?

지난겨울은 유난히 추웠습니다. 나이 들고 가진 것 없기에 더 그렇게 느꼈나 봅니다. 어찌나 추운지 혓바닥이 입천장에 달라붙고 몇 개 남은 성한 이가 칼바람에 부딪쳐 깨어질까 염려될 정도였습니다. 싸늘한 바람에 몸도 마음도 얼어붙은 시간이 '거북이걸음 저리 가라' 할 만큼 느릿해 하마터면 숨이 멎을 뻔했습니다. 그래도 내가 누굽니까, 참을성이라면 타의 추종을 불허하는 여자입니다.

차디찬 겨울을 맨몸으로 버티면서도 희망을 잃지 않았습니다. 조만간 다가올 봄을 기다리면서 지나가는 사람들의 공연한 발길질도 잽싸게 피하곤 했지요. 살 떨리는 겨울나기가 쉽지 않았지만 즐거운 일도 있었답니다. 실은 지난 겨울, 시린 옆구리를 따듯하게 해주는 남자친구를 만났습니다.

처음엔 꾀죄죄한 모습이 마음에 들지 않아 아는 척하지 않았어요. 이래봬도 한때 동네를 떠들썩하게 하던 나에게 어째 영 꼬락서니 시원찮은 녀석이 다가드는데 같잖아서 본체만체했지요. 그런데 말입니다. 춥고 긴 겨울날. 그 녀석이 생긴 것과 달리 곰살맞게 구는 것이 싫지 않았습니다. 그냥 못 이기는 척 받아들였지요. 물론 그때는 녀석이 그리 쉽게 변심할 줄 몰랐습니다. 만약 알았다면 절대 곁자리를 내어주진 않았을 겁니다. 녀석 덕분에 따듯한 겨울을 지냈지만 아주 잠시였지요. 녀석이 떠난 뒤에야 생긴 대로 논다는 말이 괜히 생긴 것이 아니라는 걸 알게 되었네요.

아 맞다. 그 녀석이 어떻게 생겼는지 말을 안 했군요. 일단 게으르다는 걸 알 수 있게 푸짐한 몸매에 눈곱은 기본입니다. 도대체 세수하기가 그리 어려운 일일까요? 언제 씻었는지 알 수 없게 묘한 냄새가 나기도 합니다. 내가 허리를 쭉 펴고 날렵하게 걷는 데 반해 녀석은 등을 구부정하게 구부리고 어기적대며 걷는 폼이 나이가 몇인지 짐작할 수가 없어요. 피부는 거칠고, 먹는 탐은 어찌나 하는지 먹을 것만 보면 안하무인이지요. 세상 급할 것도 없고 아쉬울 것도 없는 폼으로 어슬렁거리면서 꼴에 사내라고 나만 보면 들이대는 게 영 마땅치 않았습니다.

어느 날 먹을 거라면 아무에게도 양보하지 않던 녀석이 내게 먹을 것을 주기 전까지 단호하게 거부했지요. 그날은 어찌나 배가 고프던지 보이는 건 뭐든지 먹을 수 있을 정도였어요. 그런 순간 녀석이 먹을 걸 양보한 것입니다. 그것도 맛있게 생긴 생선 토막을 말입니다. 도도하기로 세상에서 다시없을 내가 봄눈 녹듯이 녹아내릴 수밖에요. 결국 전 생선 토막 하나에 넘어가고 말았습니다.

녀석과 연인이 되고 보니 제법 쓸 만한 구석이 있더군요. 일단 냄새만 무시하면 살얼음 같은 날씨에 바람막이로 쏠쏠했지요. 가끔 먹을 것을 구해오기도 하고, 무엇보다도 중요한 건 사내라는 것이었지요. 이제야 고백이지만 난 그때까지 처녀였습니다. 오래전 푸릇한 시절에 도도한 척 뭇 남자들의 구애를 거부한 것은 솔직히 말하면 부끄러워서였습니다. 누구라도 내게 다가들면 온몸이 굳어버리는 바람에 제대로 사랑 한 번 해보지 못한 온전한 처녀였지요.

이제야 말이지만 남자들은 어쩌자고 그 마음을 몰라주고 휙 돌아서는지 다시 생각해도 그들 인내심은 쥐똥만큼도 쓸데가 없어요. 그 때문에 대대손손 전해지는 유전자를 후대에 남길 의무를 아직 다하지 못했답니다. 비록 그 녀석이 이상형은 아니지만 그래도 사내인데다 나도 점점 나이가 들어가니 대충 수락할 수밖에요. 이참에 처녀 귀신은 면하나 싶었지요. 긴긴 겨울밤 어찌어찌해서 신방을 꾸미고 마침내 처녀 신세를 면했습니다.

고약한 건 녀석이 며칠 지나지 않아 훌쩍 떠난 겁니다. 아니, 이게 말이 됩니까? 시원찮은 저를 받아줬는데, 감히 나를 걷어차고 떠나다니, 무슨 이런 마른하늘에 날벼락 같은 경우가 있는지 나 참 어이가 없어서 한참을 앓았네요. 하늘도 무심하다 싶고, 젊은 날에 무시했던 날렵한 남자들이 떠오르기도 해서 며칠을 끙끙대고 말았지요. 그러던 중 뱃속에서 묘한 기운이 꿈틀거리는 걸 깨달았습니다. 그건 새로운 생명의 시작이었습니다. 비록 성에 차지 않아도 그 녀석이 내게는 은인이었나 봅니다. 녀석 덕분에 처녀귀신 면하고 조상님께 의무를 다했으니 이젠 얼굴 들고 다녀도 되겠지요?

요즘 새봄이 오기 전에 자그마한 거처를 만들려고 분주히 돌아다닙니다. 꼬물거리는 생명들이 안심하고 머물 곳을 찾아야지요. 햇살 좋으면서 적당히 사람들 시선을 피할 수 있는 곳을 찾아다니고 있답니다. 그런데 봄은 분명 오고 있겠지요?

나빌레라

모처럼 내리는 비에 메마른 몸이 생기를 얻는다. 너무 가물어 산불 위험이 크다는 말을 들었으니 이 밤을 적시는 비는 단비가 틀림없다. 자작자작한 빗줄기에 잦아드는 거리를 걷고 싶어 발가락이 꼼지락댄다. 마음과 달리 외출할 수 있는 몸 상태는 아닌지라 공연히 창가를 서성이며 밤을 지나고 있다. 하긴 밤잠을 설치는 일이 새삼스러울 것도 없는 게 난 평소에도 잠을 푹 자지 못한다. 그러고 보면 내가 늘 피곤한 건 깊은 잠을 자지 못해 생긴 일종의 후유증인 셈이다.

평소의 습관도 모자라 요즘은 머리까지 멍해져 잠이 더 얕아졌다. 사실 그건 첫 시집을 내야 한다는 숙제를 하지 못하고 있어서다. 뜬금없이 시집 발간이라는 과제가 생긴 까닭은 얼마

전 문화재단에서 시행하는 창작지원금 수혜대상자가 되기 위해 신청했다가 운 좋게 선정되었기 때문이다. 늦어도 올 11월 말까지 내기로 했으니 서둘러 준비해야 하는데, 풋내 풀풀한 시를 시집으로 엮는다는 게 어쩐지 부끄러워 손을 대지 못하고 있다.

산동네 비탈길을 바람막이 하나 없이 홀로 걷던 아이에게 어떤 신의 자비가 있어 시의 싹을 보냈는지 궁금하다. 길가에 피어 있던 키 작은 민들레 홀씨가 바람을 타고 왔을까? 오월이면 추레한 산동네를 꽃 대궐로 만들던 아카시 꽃향기가 가슴에 파고들었을까? 아니, 늦은 밤 타박이며 걷던 길을 비추던 달빛이 스며들었는지도 모르겠다. 언제 어느 때 깃들었는지 알지 못하는 씨앗이 죽지 않고 살아남은 게 기특하고 고맙다. 그럼에도 여전히 가슴에 찰랑이는 말들을 제대로 표현하지 못하고 있어 마음이 무겁고 잠이 더 얕아진 것이다.

표현력이 부족한 이유가 뭔지 궁리해 보았다. 그건 심각할 정도로 문화와 담을 쌓고 살았기 때문이 아닐까 싶다. 집안 형편상 예술문학은 물론 일반적인 문화 현상조차 접할 기회가 없었다. 아주 오랫동안 음악이나 연극, 뮤지컬, 시, 무용 등 아름다움을 표현하고 감성을 두드리는 것들과 거리가 먼 생활을 했다. 나름 노력해서 간신히 접한 것이 소설책과 영화 정도이다.

물론 그나마 접할 수 있어 다행인지 모르지만 말이다. 생각 없이 술술 읽을 수 있는 소설과 멍 때리며 봐도 좋은 영화를 접하는 일마저 그다지 쉽지는 않았다. 그런 행동조차도 가족들에게는 별스럽게 보이는지라 끊임없이 야단치고 말려야 하는 빌미를 주었기 때문이다.

몇 년 전에 처음 한국무용 공연을 보러 간 날이 생각난다. 버석거리는 사막 같은 시간을 지나던 내가 '승무'라는 춤을 본 것은, 코로나19로 각종 문화행사들이 자취를 감추기 전이었다. 우연히 생긴 무료 티켓 덕분에 난생처음 우리춤이라는 걸 보았다. 고요한 듯 역동적인 동작을 보면서 눈을 떼지 못했다. 참 많은 사람들이 다양한 분야에서 활동하고 있구나, 누군가는 춤을 추면서 평생을 살기도 한다는 게 놀라웠다. 아니, 솔직히 말하면 그걸 보러 가는 사람들이 생각보다 많다는 사실에 더 놀랐던 기억이 난다.

공연을 보러가기 전에 뭐라도 사전 지식이 있어야 할 것 같아 인터넷을 뒤적이다 조지훈의 「승무」라는 시를 알게 되었다. 시는 "얇은 사 하이얀 고깔은 고이 접어서 나빌레라"라는 문장으로 시작하고 끝 구절 역시 같은 문장으로 끝난다. 여승의 춤을 보면서 쓴 시라는 설명을 접하면서 '얇은 사', '하이얀 고깔', '나빌레라' 등과 같은 말들을 사전에서 찾아보았다. 사전을 통해 단어의 뜻은 이해했지만 머릿속에 장면이 그려지지 않았다. 시를 읽으면서 도무지 그려지지 않던 그림이 춤을 보고 나서야 비로소 완성되는 걸 보면서 내가 모르는 게 많다는 사실을 다시금 깨달았다.

그제야 내가 시를 깊이 있게 표현하지 못하고 수박 겉핥기 하듯이 설익은 채로 쓸 수밖에 없는 이유를 알게 되었다. 시라는 건 읽으면서 표현하고자 하는 풍경이 머릿속에 그려져야 하는데 문화적인 면에서 불모지나 다름없는 내가 풍경을 그려내기엔 아는 게 너무 없기 때문이다. 어쩌면 그토록 다양한 책을 읽으면서도 시집만은 가까이하지 않았던 이유가 거기에 있는지도 모른다. 시의 함축된 문장에서 리듬을 타고 풍경을 그리는 일이 나에게는 넘지 못할 산처럼 어려운 일이었던 것이다. 아는 게 없으니 시는 재미없고 가까이하기 힘든 세계였다.

시 '승무'를 읽고 우리 춤 '승무'를 보면서 가야 할 길이 멀다는 자각을 한 다음, 내 발길은 당연하게 공연장을 찾아다녔다. 더불어 남들이 기본적으로 가지고 있는 지식을 늦게라도 채워야 한다는 생각에 하루 이십사 시간이 부족할 정도로 바쁘게 지내기 시작했다. 지식이 있어야 어떤 사물이나 현상을 볼 때 적절하게 표현할 수 있다는 생각이 들었기 때문이다. 그런 내가 시인이 되고, 혼자 낙서하듯이 쓰던 것을 책으로 엮어야 하다니 가능한 일일까?

빗방울 총총히 내려앉는 창밖을 보면서 나 자신을 돌아본다. 사는 동안 많은 변화를 겪었다. 많은 사람들이 한두 번 할까 말까 한 경험들을 수없이 겪었지만 그 어디에도 작가가 되는 나는 없었다. 그랬던 내가 글을 읽고 쓰는 지금 이 순간이 좋다. 윤슬처럼 반짝거리는 빗방울들이 가슴 속에서 빠져나갈 곳을 찾아 두리번거리고 있다. 서툰 글 솜씨에 부끄러움이 먼저 손 내밀어도 글 쓰는 걸 멈추지 못하는 까닭이 그것이다.

지금 나는 '나빌레라'란 단어에서 하얀 나비가 하늘하늘 날아오르는 모습을 떠올린다. 비에 젖어 옴짝달싹 못하던 나비가 자유롭게 하늘로 날아가는 모습을 상상한다. 무대 위에서 '승무'를 추는 여승이 마침내 속세의 번뇌를 끊고 한 마리 나비가 되어 날아가기를 간구하며 바라보던 내가 보인다.

빗방울에 함초롬하게 젖어 날개를 접은 채 파들거리는 나를 다잡으며 애써 힘을 주어본다. 물밀 듯이 들이닥치는 감정의 홍수에 익사하지 않으려면 퍼내야 하기에, 쓸 수밖에 다른 도리가 없는 게 현재의 내 모습이다. 한 방울 두 방울 떨어지는 빗방울이 나를 떠내려 보내기 전에 물꼬를 터야겠다. 부끄럽지만 등단

했다는 것은 누군가에게 시로 인정을 받았다는 의미임을 잊지 말자. 이번 시집 발간을 통해 아직은 부족한 시가 한 단계 도약하기를 간절히 바란다.

- 한국문학시대. 2022년 여름호

젊은 남자를 **만**나다

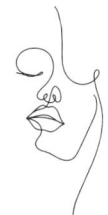

    몇 년 전부터 그 남자를 만나기 시작했다. 진즉 바람의 기미는 보였지만 잘 다스리고 있다고 생각했는데 결국 항복하고 말았다. 오래 참았던 만큼 더 요란스럽게 이탈은 시작되었다. 그 남자를 만나려면 나름의 준비를 해야 한다. 예전에 친구가, 나이든 여자가 젊은 남자를 만나려면 주머니가 두둑해야 한다는 말을 한 적이 있다. 그 말이 맞다. 난 남자를 만날 때마다 지갑은 열고 시간을 비운다.

    남자를 만나기로 한 날은 아침부터 분주하다. 샤워를 하고 지갑에 카드를 챙기고 마음의 준비를 단단히 한다. 태연히 남편에게 다녀오겠다는 보고까지 하고 집을 나선다. 오늘은 그 남자가 무슨 말을 할지, 어떤 노래를 들려줄지 기대하면서 출발한다.

첫 만남부터 남자는 수다스러웠다. 청하지도 않는 노래를 연신 부르면서 끊임없이 말을 했다, 말 많은 남자는 별로 좋아하지 않는데 그 남자의 수다는 의외로 괜찮았다. 어쩌면 그 남자는 내 마음을 알기에 더 수다스럽게 떠드는 건지 모른다. 내키지 않으면서도 어쩔 수 없이 가야만 하는 나를 그런 식으로 달래주는 것이라 짐작해 본다.

남자를 만나는 날은 다른 일을 할 수가 없다. 한 시간 남짓의 시간을 남자와 지내고나면 몸도 마음도 지쳐서 집에 오면 일단 쉬어야 한다. 결과적으로 하루를 모두 비워야만 한다. 백수의 시간임에도 어쩐지 아깝다는 생각이 들었다. 그래서 남자를 만나러 가기 전까지의 시간을 여행하는 순간이라고 생각하기로 했다.

만남의 장소까지 이십분이면 충분한 길을 한두 시간 전에 나선다. 낯선 거리를 탐험하기 위해서다. 하늘의 구름을 보고 길모퉁이에 핀 민들레도 보면서 방랑자가 되어 걷는다. 간간이 쪼그리고 앉아 사진을 찍는다. 비 내리는 날은 풀잎에 맺힌 빗방울이 또르르 굴러 내리는 것을 찍느라고 옷이 젖어도 모른다. 그런 날은 여지없이 남자에게 해찰한다고 한 마디 듣는다.

언제나 목적지에 빨리 도착하기 위해 노력하던 내가 최근에는 빙빙 돌아가는 길을 택한다. 익숙한 동네도 조금만 발길을 돌리면 낯선 길이 되고 새로운 풍경이 펼쳐지는 게 좋다. 작은 친구들을 찾아 눈을 크게 뜨고 거리를 배회한다. 느릿하게 걷노라면 골목길 여기저기 숨어있던 친구들이 기다렸다는 듯이 튀어나온다. 볼품없는 잡초라고 생각했던 풀잎에 작지만 고운 꽃들이 피는 것이 신기하다. 깨알만큼 작은 꽃들을 만나면 여지없이 무릎 꿇고 한참 들여다본다. 그런 순간들이 좋아서 갈림길을 만나면 부러 가보지 않은 길로 들어선다.

자유로운 여행자처럼 해찰하다가 남자와의 약속시간에 늦은 적이 종종 있었다. 그 후로 남자를 만나러 가는 날은 시간을 더 길게 잡는다. 가끔은 거리의 유혹에 빠져 남자를 바람맞힐 때도 있다. 파란 바람이 살랑대는 거리를 떠나 답답한 건물로 들어서기 싫을 때면 남자에게 전화를 한다.

"오늘 만남은 취소할게요."

몇 번의 일방적인 취소가 반복되자 그가 물었다. 뭐가 그리 바쁘냐는 말에 이실직고하는 나를 보고 어이없다는 얼굴로 웃는다. 일주일에 한 번씩 남자를 만나면서 삼 년의 시간이 흘렀다. 처음 남자를 만나러 갔을 때가 생각난다. 최악의 몸 상태로 앉아 있는 나를 보며 남자는 심각한 표정을 지었다.

"그동안 안 아팠어요? 이 몸으로 어떻게 버텼어요? 어디부터 손을 대야 할지 모르겠네요."

그 말을 듣는 순간 눈물이 왈칵 쏟아졌다. 처음 보는 남자 앞에서 눈물을 멈추지 못하고 꺽꺽대는 나를 그는 따듯한 눈으로 바라보았다. 잠시 후 애써 진정하는 나에게

"하나씩 차근차근 치료합시다. 조급하게 마음먹지 말고, 의사 선생님이 처방해 주는 약 잘 드시고, 일주일에 한 번씩 도수치료와 고주파 치료를 병행하면서 주저앉은 몸을 세워봅시다."

그렇게 시작한 우리 만남은 아직 현재 진행형이다. 여전히 그는 노래를 하고 이런저런 수다를 펼치며 치료받느라 아픈 와중에도 나를 웃게 만든다. 척추 뼈가 주저앉은 걸 방치해서 머리부터 발끝까지 제구실을 못하던 몸이다. 수술하기에는 아직 젊다며 수기로 잡아보자고 시작한 치료가 이제야 조금씩 빛을 보인다. 덕분에 요즘은 짧은 여행도 곧잘 한다. 앉기도 서기도 여의치 않아 시내버스조차 타기 힘들었던 몸이 제법 먼 거리를 이동할 수 있게 되었다. 버스 타고 통영바다도 가고, 기차를 이용해 경주에도 갔다 왔다.

몸이 조금씩 안정되면서 새로운 도전을 계획 중이다. 내년 봄에는 자가 운전을 해서 국도 여행을 하려고 한다. 우선 7번 국도를 따라 한 바퀴 돈 다음, 순차적으로 다른 국도를 달려볼 생각이다. 이런 꿈을 가지게 된 것은 지난 삼 년 동안 젊은 남자의 에너지를 나눠 받은 결과이다.

그 남자는 타고나길 치료사로 태어난 것처럼 그 자리에 꼭 맞는 사람이다. 물리치료사의 일이 쉽지 않음에도 쉬지 않고 에너지를 나눠준다. 웃고 노래하며 쓰러진 사람을 일으켜 세운다. 그동안 물리치료사라면 여러 사람을 만나봤지만 그 남자만큼 열과 성을 다하는 사람은 보지 못했다. 때로는 지나치다 싶을 정도로 공을 들이는 걸 보면서 그 남자의 에너지가 어디서 나오는지 궁금해진다. 어쩌면 무심하다 싶었던 하느님이 보낸 사람은 아닐까싶어 찬찬히 볼 때도 있다.

시장에 가면 장사꾼이 보이듯이 병원에서 보이는 건 전부 환자다. 남녀노소 가리지 않고 너나없이 찡그리며 아픔을 하소연한다. 그런 환자들에게 둘러싸여 하루를 지내려면 여간 힘든 일이 아닐 것이다. 더구나 물리치료사는 종일 힘을 써야하는 일이다. 그럼에도 그는 짜증내거나 힘든 기색 없이 늘 웃는다. 환자에 대한 기본적인 예의로 웃는 게 아니다. 스스로를 낮추어 방청객의 웃음을 자아내는 개그맨처럼 자신을 비우고 환자를 웃게 한다.

그런 남자와 삼 년이 넘도록 데이트를 하고 있는 나는 운이 좋은 사람이다. 그럼에도 마냥 만나러 다닐 수는 없다는 걸 안다. 요즘 서서히 그와의 이별을 준비하고 있다. 일주일에 한 번이던 병원 행을 이 주일에 한 번으로 조정하면서 운동으로 몸을 단련시키며 헤어질 준비를 한다. 그가 싫어서가 아니라, 만나지 않아도 될 정도로 몸이 좋아져야 하기 때문이다.

골목길을 돌며 억지춘향으로 여행이라 우기지 않아도 되는 진짜 여행을 하고 싶다. 좀 더 멀리 좀 더 색다른 곳으로, 마음을 간질이는 파랑의 바람을 따라 떠나고 싶다. 자유로워지기 위해 그와 거리를 두어야 한다. 최악이라고 생각했던 순간에 좋은 사람을 만나 다시금 꿈을 꾸게 되었다. 조만간 헤어질 준비를 하면서 그 남자의 수다가 더 많이 오래도록 향기롭기를 바란다.

이름 붙일 수 없는 문제

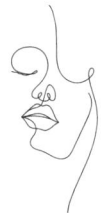

〈미국에서 1963년에 출간된 베티 프리던의 『여성의 신비』는 1960~1970년대 미국 여성운동의 자각에 큰 영향을 미쳤다. '이름 붙일 수 없는 문제'는 『여성의 신비』의 첫 장 부분이다.

 미국 여성들은 여러 해 동안 이 병을 마음 속 깊이 간직한 채 침묵을 지켜왔다. 이것은 이상한 동요나 불만에 대한 자각이었으며 또한 20세기 중반의 고통받는 미국 여성들이 고대했던 바람이었다. 교외지역에 사는(중·상류층의) 가정주부들은 제각기 이러한 문제를 해결하기 위해 홀로 싸웠다. 여성들은 가족들을 위해 침대를 정리하다가, 쇼핑하다가, 또 아이들과 땅콩 샌드위치를 먹다가, 과외활동을 위해 아이들을 자동차로 데려다주다가, 밤에 남편 곁에 누웠다가, 스스로도 묻기 두려웠던 조용한

질문을 떠올렸다. '이게 전부인가?'〉

인자하고 어진 어머니이며 착하고 좋은 아내를 지칭하는 현모양처는, 사회 전반에 걸쳐 무의식 깊이 자리하고 있는 여성의 모습이다. 현모양처의 모습을 요구하는 사회에서 여성들은 기대에 따르기 위해 노력했다. 간간이 '이게 전부인가?'라는 의문은 떠오르기 바쁘게 지우면서 말이다. 의문을 지우지 못하면, 일상의 허무에 사로잡히고 본의 아니게 평화를 깨뜨릴 것 같은 위기감이 들어서이다. 때때로 의문을 접지 못하고 마음이 가는 길을 따라간 여성들은 사회에서 온전치 못한 여자로 취급당하기 일쑤였다.

태어나면서부터 여자는 이래야 한다, 여자가 그러면 못써 등의 말을 듣고 자라서인지 대부분의 여자들은 순종적이다. 순종하기를 바라는 사회에서 다른 행동을 하려는 여자는 주변의 손가락질을 감당할 만큼 강한 기질을 가져야만 한다. 나는 강한 성격이 아니다. 아니 그보다는 부모에게 사랑받고 싶은 마음에 무조건 순종하는 아이였다. 부모의 마음에 들기 위해 내 욕구를 죽이고 시키는 대로 하고 살았다. 아이에서 어른이 되기까지 그런 생활태도는 별반 달라지지 않았고 시어머니와 남편의 뜻을 우선으로 여기며 지냈다.

그렇게 생활하던 나에게 언젠가부터 책에 나온 여성들처럼 의문이 생기기 시작했다. 알 수 없는 현상이었다. 없는 살림에 오지랖 넓은 남편, 아이들과 끊임없이 드나들던 손님들까지 하루 24시간이 부족한 나에게 불쑥불쑥 치고 나오는 '이게 전부인가?'라는 의문은 정말 뜬금없고 대책 안 서는 문제였다. 아무리 생각해도 답을 알 수 없는 의문이라 스스로 묵살하기를 얼마나 했던지, 지금도 의문이 생길 때마다 서둘러 '잊어야지' 하면서 고개 흔들던 내 모습이 선명하게 떠오른다.

참다못해 몇 번인가 '이제 전부인가?'란 질문을 남편이나 다른 여성들에게 한 적이 있다. 그럴 때면 한결같이

"남들도 그렇게 사는데 그만하면 됐지, 뭘 원하는 건데?"
"복에 겨워서 그러지, 살 만하니까 그런 헛된 생각을 하는 거야."라는 답이 돌아왔다.

그 말에 딱히 항변할 재간이 없어 말문을 닫았지만 의문은 여전히 남아 있었다. 몇 번의 시도 끝에 더 이상 묻는 걸 포기했지만 표현하지 못하는 답답함은 여전했다. 어쩌면 내가 다른 이들의 말대로 '별난 여자인가 보다'라는 씁쓸한 결론만 남기고 말이다. 그런데 오래전에 나와 같은 생각을 가진 여성들이 있었다니 놀라운 발견이다. 그런 걸 보면 책을 통해 모르던 것을 알게

되는 경험은 여전히 현재 진행형인 셈이다.

나는 '이게 전부인가?'란 질문에 명쾌한 답을 내릴 만큼 유식하지 않다. 하지만 분명한 건 먹고사느라 정신없는 와중에도 의문을 떨쳐내지 못하고 가슴에 품고 살았다는 것이다. 누구에게 물어볼 수도 없고 명확하게 표현하지도 못하는 '이름 붙일 수 없는 문제'는 수시로 거스러미가 되어 성가시게 하곤 했다. 한동안은 모든 것을 잊고 남들이 원하는 대로 살면 문제가 사라질 줄 알았다. 그러나 '이게 전부인가?'라는 의문은 지치지도 않는지 끊임없이 나를 따라다녔다.

문제는 있는데 답은 모르는 상태로 나이가 들었다. 이제야 어렴풋이 답을 알 것도 같지만 여전히 설명은 못 한다. 어쩌면 책을 읽으면 답이 쓰여 있을 것 같아 조만간 읽어볼 생각이다. 고백하자면 난 베리 프리단의 『여성의 신비』를 아직 읽지 못했다. 방송대 기말 과제를 하기 위해 교재를 뒤적이다가 위 문구를 발견했을 뿐이다. 책을 읽지도 않은 상태에서 몇 줄의 문장에 빠지고 만 것이다. 『여성의 신비』라는 책을 읽으면 오래도록 마음 쓰면서도 풀지 못하던 문제가 어쩌면 해결될지 모른다는 생각에 가슴이 두근거린다.

조만간 책을 구해서 읽어봐야겠다고 다짐하는데 궁금증 하나가 더 생겼다. 저자인 베리 프리단은 1963년 미국에서, 당시 중·상류층 여성들을 대상으로 설문 조사를 한 결과를 가지고 책을 출간했다고 한다. 1963년이면 내가 태어난 해다. 난 책이 나오던 해에 태어나서 그녀들이 속한 중·상류층과는 거리가 먼 빈민층의 삶을 살았다. 어려서부터 보고 배운 대로 현모양처가 되려고 순종하면서 말이다. 그런데 사는 곳도 시대도 다른 내가 어쩌다가 그들과 같은 '이름 붙일 수 없는 문제'라는 병에 걸린 것일까?

뻐꾸기 날려 보내기

잠이 얕아졌다. 어쩐지 이부자리가 편하지 않아 베갯머리를 이리저리 돌려봐도 잠이 오지 않는다. 결국 잠을 포기하고 일어나 커피 한 잔을 들고 창가에 앉았다. 어디선가 밤을 잊은 새 한 마리가 지저귄다. 마치 너 혼자가 아니라며 위로라도 건네는 것 같다. 새 소리에 귀를 열고 왜 잠을 못 이루는지 헤아려본다.

그러니까 명절 전전날이었다. 명절을 앞두고 서울에서 생활하고 있는 딸이 집에 왔다. 오랜만에 함께 저녁을 먹는 자리에서 딸이 남편에게 내일 드라이브를 하자고 말했다. 누구에게든 거절하는 법이 없는 남편이 좋다고 했다. 딸은 새로 생긴 신세계 백화점에 가고 싶었는데 휴무일이라며 현대 아울렛에 가자고 했다.

다음날 아침, 그래도 명절인데 오후에는 집에 있어야지 싶어 일찍 나갈 준비를 했다. 차가 막 동네를 빠져나가는데 어머니가 전화를 하셨다. 큰 형이 곧 도착한다며 바로 오라는 말씀이셨다. 나를 바라보는 남편이 안쓰러우면서도 화가 났다. 난 남편에게 알아서 점심 차려 먹으라고 했다. 결국 남편은 현대 아울렛에 우리를 내려주고 바로 돌아갔다. 그때까지 아울렛이란 곳을 가 본 적이 없는 나는 아울렛이 뭐하는 곳인지 몰랐다. 알고 보니 고가 제품들, 소위 말하는 명품들을 할인해서 파는 곳이었다. 하루 종일 돌아다녀도 모자랄 정도로 큰 규모에 깜짝 놀랐다. 문득 남편이 떠올랐다.

"아빠가 일찍 돌아가길 잘했네, 함께 다니면 숨 막힌다고 힘들어 했을 텐데." 하고 말하니, 딸도 웃으면서
"그러게 엄마, 아빠는 이런 곳에 다니는 거 싫어하는데." 한다.

그 말이 맞다. 남편은 이런 곳에 다니는 걸 싫어한다. 몇 년 전에 큰 아들이 아빠에게 메이커 신발을 사 준다며 롯데 백화점에 갔을 때도 머리 아프다고 싫어했던 사람이다. 명절 전날 집을 비운 것이 마음에 걸렸지만 애써 무시하고 열심히 구경했다. 내가 좋아하는 가방과 옷, 신발들이 줄지어 있어 눈요기라도 실

컷 할 요량으로 발에 힘을 주었다. 보통 50~70퍼센트 할인해서 파는 물건이 생각 외로 높은 가격이었다. 물건 살 생각은 없었지만, 딸에게 필요한 게 있나보다 짐작하고 따라다녔다.

여기저기 돌아다니다가 모피 매장을 보았다. 딸이 성큼 들어가더니 옷을 하나 꺼내어 입어 보는데 맞춤옷처럼 잘 어울린다. 잠시 후 내게도 하나 입어보라고 하며 은색의 긴 코트를 건넨다. 거울 앞에서 입어보니 어울리긴 하지만 길어서 그런지 무거웠다. 웃으면서 무거워서 못 입겠다고 했다. 판매원이 짧은 길이의 디자인을 이것저것 보여준다. 딸에게 난 됐으니 너나 어울릴 만한 것으로 골라보라고 한 뒤 의자에 주저앉았다. 딸이 청색 빛이 나는 짧은 코트를 입어보더니 나에게도 입어보라고 한다. 딸의 기분을 맞춰주기 위해 거울 앞에서 입었다. 그 정도 디자인이라면 나도 부담 없이 입을 수 있겠다싶어 몰래 가격표를 보았다. 헉 소리가 절로 나올 정도로 고가였다. 모르는 척 벗어서 딸에게 건네고 다시 의자에 앉았다.

딸이 코트를 만지작거리며 엄마 보기에 어떠냐고 묻는다. 디자인이랑 색상이 괜찮다고 했다. 가격을 묻는 딸에게 판매원이 신상품이라 40퍼센트 할인해서 사백구십만 원이라고 한다. 딸아이가 망설이지 않고 카드를 내밀어 계산을 한다. 속으로 매우 비싸다는 생각을 하면서, 이젠 딸은 우리와 다른 세상에 살고 있다는 걸 다시금 실감했다.

매장에서 나와 물건보관함에 넣어두고 점심을 먹으러 갔다. 속이 안 좋다며 두부요리를 선택한 딸을 보면서 직업이 미용사라 제시간에 밥을 못 먹어 속을 버렸나보다고 하니 딸이 웃는다. 문득 고등학교 때 공부에 취미를 붙이지 못하고 돌아다니던 딸과 함께 어떤 직업을 선택할 건지 탐구하던 때가 떠올랐다.

두 돌이 될 때까지 보호자가 여러 번 바뀌는 탓에 일상의 모든 것에 서툰 아이였다. 성장기의 대부분을 마음상처를 치료하느라 공부에는 끝내 취미를 붙이지 못했다. 초등학교와 중학교 과정 내내 뒤처진 학과를 따라가느라고 애를 쓰다가 간신히 인문계 고등학교에 진학했지만 결국 대학은 포기하고 말았다.

딸과 함께 직업군에 대한 책들을 살펴보면서 어떤 직업을 가질 것인지, 무엇을 하고 싶은지 의논했다. 딸은 미용을 선택했다. 미용이 힘들다는 걸 알기에 다른 방향으로 유도해도 그것 외에는 하고 싶은 게 없다는 딸을 미용학원에 보냈다. 공부라면 미리 도망부터 가던 아이가 미용사 자격증 시험을 보기 위해 밤잠을 설치는 모습을 보면서 신기했다. 코피가 나도록 공부하는 걸 보면서 하고 싶은 일이 있어서 다행이라는 생각을 했던 기억이 난다.

그 딸이 눈앞에서 웃는다. 대견한 마음에 마주보고 웃으면서 나이 들수록 몸이 더 힘들어지니 관리 잘하라고 했다. 옆에 있으면서 밥이라도 챙겨주면 좋았을 텐데 멀리 있어 안타깝다. 밥을 먹다가 딸이 말했다.

"엄마, 아까 그 코트 엄마 입으라고 산거야."
"엄마가 그런 옷을 어디서 입는다고, 너 입어 너한테 잘 어울리던데."
"엄마, 나 지난달에 엄청 많이 벌었어. 원장님이 깜짝 놀랄 정도로 매출이 올라서 보너스까지 받았어. 그래서 작정하고 온 거야. 엄마가 가방 좋아하니까 비싼 가방 하나 사주려고 했는데, 엄마 마음에 드는 가방이 없는 것 같아서 그걸로 한 거야. 그러니 아무 말 말고 그냥 입어."
"하지만 너무 비싸. 엄마에게 그건 도가 지나쳐."
"엄마, 나는 은색 긴 코트가 마음에 들었는데 엄마 스타일을 아니까 그걸로 산거야. 엄마가 평소에 입기에 그나마 무난하다 싶어서, 그리고 이제 그 정도는 입어도 돼. 그러니 아무 소리 말고 따듯하게 입고 다녀. 엄마 겨울에 힘들어하잖아."

난 아무 말도 하지 못했다. 딸의 말에 더 이상 뭐라 못하고

"고맙다. 잘 입을게, 엄마가 딸 덕분에 완전 호강이네."

커피를 마시고 난 뒤, 집에 있는 남편과 어머니가 마음에 걸려서 두 사람 옷을 하나씩 사고 딸이 마음에 들어 하던 카드지갑을 하나 사 주었다. 생각지도 않은 지출을 하게 되었지만 딸이 한 지출에 비하면 새발의 피였다. 어쩐지 묘하다. 고맙고, 미안하고, 울고 싶기도 하고, 웃고 싶기도 한 이런 기분은 처음이다. 쇼핑을 하다 보니 시간이 많이 지났다. 짐이 많아 남편에게 데리러 오라고 전화한 뒤 딸의 얼굴을 찬찬히 들여다보았다.

대전에서 헤어 디자이너로 일하던 중, 서울에서 하고 싶다며 훌쩍 떠난 뒤 십 년이 지났다. 통통하던 얼굴이 강남 아가씨들 따라가느라고 그런지 홀쭉하게 변했다. 내가 보기엔 날씬한데도 딸은 뚱뚱하다고 수시로 다이어트를 한다. 그런 딸에게 다이어트 너무 심하게 하지 말고 몸 생각하면서 지내라고 당부를 한다. 그리고 힘들게 번 돈 엄마에게 쓰지 말고 열심히 모아서 원하는 가게도 차리고 결혼도 해서 행복하게 살라고 하니,

"알았어, 엄마 생각해서라도 열심히 할게, 걱정하지 마." 하면서 웃는다.

언젠가 슬쩍 둥지 안에 들어온 뻐꾸기 알을 품고, 감당하지 못해 헤매던 시간들이 있었다. 서로의 날선 시선이 부딪쳐 흘린 눈물은 또 어떤가, 서툰 엄마를 깨우치게 하고 함께 울며 성장한 딸이다. 제대로 해주지 못해 미안한 마음뿐인데 어느새 딸은 엄마보다 더 큰 새가 되어 있었다. 내가 왜 잠을 못 이루고 있는지를 이제야 알 것 같다. 이제 뻐꾸기를 날려 보내야 할 시기가 된 것이다. 잠시나마 뻐꾸기 알을 품을 수 있어서 참 다행이다.

- 테마에세이, 『안부』, 2021년 12월

세 가지 소원

처음 글을 쓰기 시작하면서 하루도 빼지 않고 쓰겠다는 다짐을 했습니다. 제 글이 미숙하다는 걸 누구보다 잘 알기에, 쓰다 보면 나아지겠지 하는 심정으로 마련한 자구책입니다. 며칠 전 「미련한 여자의 소원 성취」란 글을 페이스북에 썼습니다. 나 자신과의 약속을 지키기 위한 일종의 의무적 글쓰기였습니다. 새벽에 일어나 떠오른 걸 친구들에게 인사하듯이 썼습니다. 날것 그대로의 비린내가 풀풀 나는 글입니다. 내용은, 어릴 때부터 일하느라 쉬지 못하는 현실에서 벗어나고 싶어 소원하던 것을 쓴 것입니다. 잠시 들여다보면 이런 내용입니다.

〈유년기의 몇 년을 제외하곤 일한 기억뿐이라 늘 피곤했습니다. 그래서 마음속으로 병에 걸리길 바란 적이 있었습니다. 병이라도 들어 일을 쉴 수 있다면 좋겠다는 생각을 자주 했습니다. 그 마음 때문일까요? 몸이 마음의 소원을 들어준 것입니다. 지금 죽을 만큼 아프지는 않지만 어쨌든 일은 멈춰야 하는 상황이 되었습니다. 아픈 덕분에 잠시 쉬면서 나를 돌아보았습니다. 그리고 바라던 소원이 이루어진 것을 보았습니다. 마침내 병으로 인해 일손을 놓은 것입니다. 미련한 여자의 소원이 이루어진 것입니다. 몇 번이나 몸이 신호를 보냈었는데 모른 체 했습니다. 괜찮겠지, 이 고비만 넘기면 되겠지, 지금은 쉴 때가 아니야 등등 일을 놓지 못할 핑계는 언제나 있었습니다. 결국 오래 참았던 몸이 반기를 들고 쿠데타를 합니다. 이제야 소원은 함부로 비는 것이 아니란 생각을 합니다. 아주 신중하게 빌어야 하는 것이 소원이라는 것을 알게 되었습니다.〉

페친 한 분이 세 가지 소원이 생각난다는 댓글을 남겼습니다. 저도 그 말에 공감하면서 웃었습니다. 글을 쓰고 난 뒤 세 가지 소원이란 단어가 머리에 남았습니다. 그걸 계기로 제가 평생 바라던 소원이 뭐였는지 생각해 봤습니다. 앞서 쓴 글처럼 시니컬한 소원이 아니라 정말 마음속으로 바라던 소원이 무엇인지 진지하게 돌아보았습니다. 살아오는 동안 여러 가지 소원이 있었습니다. 시기마다 조금씩 다르긴 했지만 굳이 세 가지 소원에 맞춰 보자면, 첫째는 가난을 벗어나는 일. 둘째는 사랑받는 것. 셋째는 공부였습니다. 그토록 바라던 마음 속 소원들이 지금 어떤 결과를 낳았는지 짚어봅니다.

첫째는 가난을 벗어나는 일입니다.

가난을 벗어나는 일은 생각보다 쉽지 않았습니다. 십 대 초반부터 먹고 자는 시간을 제외하곤 개미처럼 일했지만 여전히 가난합니다. 세상의 기준으로 보면 아직 집 한 칸도 없는 셋방살이 처지이니 분명 가난한 사람이 맞습니다. 계란으로 바위를 치는 것처럼 세상은 녹록하지 않았습니다. 가진 건 몸 뿐이니 몸으로 할 수 있는 일은 다 했습니다. 그럼에도 불구하고 겨우 아이들 밥 굶기지 않은 것이 전부였습니다. 이제 유일한 재산이던 건강마저 잃고 나니, 늙어가면서 아이들에게 짐이 되지는 않을지 불안하기까지 합니다.

남보다 일찍 일을 시작해서 치열하게 살았습니다. 그 생활이 즐겁진 않았지만 먹고살기 위해 당연하다고 생각했습니다. 정확히 말하면 먹고살기 위해서가 아니라 남보다 잘 살기 위해서가 맞는 말이겠지요. 아이들을 키우기 위해서란 말도 따지고 보면 제 아이가 남보다 좋은 몫을 차지하기 바라는 마음이 더 큽니다.

제 아이들이 저보다는 수월하게 세상을 누리길, 남보다 잘난 사람이 되기를 바라는 마음이 은연중에 들어있었던 것입니다.

아무리 애써도 벗어날 수 없어서인지도 모릅니다. 전 채워지지 않는 몸집만 커다란 부의 길에서 벗어나기로 결정했습니다. 대신 조금만 채워도 기뻐하는 창고를 짓기로 했습니다. 작은 일에도 기뻐하고 언제나 감사할 줄 아는 마음의 창고 말입니다. 다행히 아이들이 각자의 길을 가고 있어 홀가분하게 가난한 삶을 택할 수 있었습니다.

둘째는 사랑받고 싶은 마음입니다.

사랑받고 싶은 마음은 평생 저를 따라다니는 그림자입니다. 어린 시절 부모한테 거부당한 어린아이가 아직 제 안에 있습니다. 전 그 아이에게 자주 휘둘립니다. 오랜 시간 사랑받고 싶다는 감정이, 저로 하여금 제대로 서지 못하고 타인에게 기대어 사는 기생식물로 만들었습니다. 무엇을 해도 스스로의 기준이 아니라 다른 사람이 어떻게 생각하는지가 기준이었습니다. 어떤 일을 할 때마다 제대로 했는지 다른 사람의 눈치를 보곤 했습니다. 남들과 다른 가정에서 별난 부모와 살다보니 저도 모르게 습득한 살아남기 위한 방법이었습니다.

어린 시절의 결핍이 사실 나쁘기만 한 건 아니었습니다. 부족한 부분을 채우려는 마음이 다양한 일을 할 수 있는 원동력이 되었기 때문입니다. 힘든 처지에 놓인 사람에게는 작은 관심이라도 큰 힘이 된다는 걸 알기에 가난한 살림에도 힘들어하는 사람들을 끌어안을 수 있었습니다. 덕분에 아이들을 입양하고 여러 곳에서 봉사활동을 하면서 열심히 살 수 있었습니다. 사랑받고 싶다는 마음이 제 삶을 이끈 겁니다. 노년으로 가는 길목에 들어선 지금, 그토록 받고 싶어 애쓰던 사랑이 제 안에 자리 잡고 있다는 걸 알게 되었습니다.

셋째, 공부하겠다는 다짐입니다.

십대가 끝날 무렵, 몰래 야학에 갔다가 부모에게 들켜 갈가리 찢기는 책을 보며 다짐했습니다. 나중에 어른이 되면 공부를 하겠다고 속으로 되뇌었습니다. 공부를 해서 뭘 어쩌겠다는 계획은 없었습니다. 어쩌면 못하게 말리는 부모에게 반항하는 심정이었는지도 모릅니다.

공부를 하기 위해 오십 년이 넘는 시간을 빙 돌아왔습니다. 이제는 공부해야 할 목표도 생겼습니다. 자라온 환경 탓인지 항상 인간 심리에 대해 궁금했습니다. 이해할 수 없었던 인연들을 헤아려 보고 싶습니다. 또한 옳지 않은 것에 대항할 수 있는 힘을 키우고 싶습니다. 막연한 울분이 아니라 정체를 제대로 알고 그것을 고쳐나가는 역할을 하고 싶습니다.

　뒤늦게 알게 된 사실이지만 전 글을 쓰는 것이 좋습니다. 아마도 쌓인 이야기들이 많아서 그런 가 봅니다. 입 닫고 살아온 시간들이 제 안에서 꿈틀거리며 밖으로 나오려 안달합니다. 전 그 시간들을 갈고 다듬어서 그럴싸한 이야기로 만들고 싶습니다. 지금까지 갑갑한 속을 달래기 위한 글들을 썼다면 앞으로는 누군가에게 희망이 되는 글을 쓰고 싶습니다. 그동안 어쭙잖게 봉사활동을 하면서 힘들게 사는 사람들을 많이 봤습니다. 그들의 아픈 마음을 어루만지는 따뜻한 글을 쓰고 싶습니다. 그러기 위해서 우선 글을 제대로 쓰는 법을 익혀야겠지요. 여전히 방해물은 있지만 이런 저런 핑계들은 모두 접어두고 말입니다. 전 죽을 때까지 작가로 살고 싶습니다.

　명절이 코앞입니다. 명절이 다가오면 유난히 생각이 많아집니다. 제가 아는 명절은 새 옷을 입거나, 평소 먹지 못하던 맛난 음식을 먹는 것이 아니었습니다. 아버지의 술주정과 어머니의 악다구니가 난무하는 날이었습니다. 명절처럼 남들이 기뻐하는 날이면 거리로 쫓겨나곤 했습니다. 갈 곳이 없어 어슬렁거리며 남의 집 창문을 훔쳐보던 어린아이가 눈에 선합니다. 지나간 날들은 짙은 그림자가 되었습니다. 때때로 그림자에 치여 휘청거

립니다. 어쩌면 평생 안고 가야 할 십자가인지도 모르겠습니다.

 전 이제 어두운 그림자에 예쁜 색깔로 옷을 입힐 생각입니다. 제가 살아내야만 했던 시간들이 어떤 그림으로 변하는지 보고 싶습니다. 차가운 겨울바람을 이기고 가지 끝에 고운 꽃을 피우려 합니다. 어떤 빛깔과 모양새가 될지 모르지만 아무려면 어떤가요. 꽃은 다 예쁘고 사랑스러운걸요. 지난 시간들이 아픔으로만 끝나지 않고 향기로운 꽃이 피고 달콤한 열매를 맺기를 바랍니다. 이렇게 저의 세 가지 소원은 이루어져 가고 있습니다.

2부

그해 여름 소나기

그날도 난 거리에서 비를 맞고 있었다.
달동네 좁은 골목을 잇는 처마는 쉽사리 타인을 받아들이지 않는다.
골목이 좁아 처마를 길게 뺄 수 없기 때문이다.

껍데기와 알맹이

    책 읽는 걸 좋아하고 글 쓰는 일이 재미있다는 만년소녀 같은 여자 넷이 만났습니다. 맏언니의 사랑에 깃들어 만나기만 하면 하하 호호 즐거워하지요. 그중의 한 명으로 끼어들 수 있어 행복한 사람입니다. 그런데도 몸에 밴 게으름과 우울한 기질로 인해 전 가끔 삐뚤게 나가곤 합니다. 요 며칠 만사가 귀찮아져 또다시 그들에게 신경을 쓰게 했습니다. 그래서일까요? 묘한 숙제를 받았습니다. 글 껍데기, 말 껍데기란 주제로 글을 한 편씩 써서 만나기로 약속을 했답니다. 날짜와 장소까지 저를 배려하는 고운 이들에게 감사하는 마음으로 멋진 글을 쓰고 싶은데 주제가 쉽지 않네요.

    사실 글을 쓰는 게 좋다 하면서도 글을 잘 쓰는 것에 대해선 모릅니다. 속된 말로 가방끈이 짧은 사람이라 그럴 것입니다. 배운 게 없으니 머리에 떠오르는 대로 옮겨 적을 뿐 심오한 주제에는 그저 난감하기만 합니다. 만나기로 한 날은 코앞에 닥쳤는데 도무지 주제에 맞는 글은 생각나지 않습니다. 몇 날 며칠 글 껍데기 말 껍데기에 대해 고민하다가 엉뚱하게 제 몸 껍데기에 생각이 머뭅니다. 한 번 꽂힌 생각은 다른 곳에 갈 생각을 하지 않으니 결국 전 또 샛길에서 글을 퍼올립니다.

전 어린 시절부터 대부분의 시간을 공장에서 보냈으니 무식한 사람이 분명한데, 주위에서는 많이 배운 사람으로 착각하곤 합니다. 공장에서 온종일 먼지를 뒤집어쓰고 햇빛 한 번 못 볼 정도로 바쁜 중에도 책을 들고 다녀서 그럴지 모릅니다. 공장 친구들이 퇴근 후나 쉬는 날 삼삼오오 놀러 다닐 때 전 책을 읽으며 지냈습니다. 물론 책이 좋아서 그러기도 했지만 사실 돈을 아끼기 위해서였습니다. 친구들과 제과점이나 다방에 가서 쓸 돈이면 우리 식구들이 좀 더 잘 먹을 수 있는데 싶어 책을 핑계 삼아 혼자 있곤 했습니다.

자연스럽게 내게는 친구가 없었습니다. 그래도 상관없었습니다. 버스 한 번 타면 남산 도서관에 가서 책을 읽을 수 있었기 때문입니다. 간간이 명동 성당 근처에 있는 성바오로 서점에 가서 새로 나온 책 냄새를 실컷 맡기도 했습니다. 책 속의 주인공이 되어 낯선 세계를 탐험하는 그 시간만큼은 행복했습니다. 한 권 끝나면 또 한 권 기다렸다는 듯이 다른 세계를 보여주는 것이 신기했습니다. 자의든 타의든 청춘의 시간을 책을 읽으면서 지낸 덕분에 제가 학교 교육을 제대로 받지 못했다는 것은 아무도 몰랐습니다. 한 번은 노동운동 하러 위장 취업한 대학생이 저보고 어느 대학에서 나왔냐고 해서 웃기도 했습니다.

물론 일부러 속이려고 작정한 것은 아니었습니다. 그냥 남들과 너무나 다른 가정의 모습이 창피해서 말을 안 했을 뿐입니다. 가난하고 못 배운 것, 술주정뱅이 아버지, 흔히 말하는 모성애는 찾아보기 힘든 어머니, 세 살 밖에 차이 나지 않는데도 마치 아들이라도 되는 양 돌봐 달라고 떼쓰는 동생이 창피했습니다. 아무리 노력하고 버는 대로 다 갖다 바쳐도 부족하다고 노래하는 별난 가족들을 남에게 떠벌리기 싫었습니다. 그런 현실이 힘들 때마다 더욱 고개를 세우고 살았습니다. 껍데기를 꾸미는데 정신이 팔려서 그만 알맹이는 까맣게 잊고 말입니다.

그 껍데기는 아직도 나를 둘러싸고 있는 게 분명합니다. 글을 쓰겠다고 마음먹고 난 뒤 만난 사람들은 내가 정규교육을 제대로 받지 못했다고 말하면 거짓말인 줄 압니다. 처음부터 나의 무식함을 적나라하게 밝힐 생각은 하지 않았습니다. 하지만 수업을 듣다 보니 난감한 일이 하나둘 생기기 시작했습니다. 모르는 용어도 많고 남들은 상식으로 알고 있는 걸 못 알아들으니 말입니다. 처음엔 혼자 끙끙거리느라 다음 내용도 못 알아듣곤 해서 계속 수업에 참여해야 할지 고민이 되었습니다.

이대로는 죽도 밥도 안 된다는 생각에 어느 날 커밍아웃을 했습니다. 그리고 모르는 단어나 알 수 없는 것들을 들으면 다시 질문하곤 했습니다. 창피했지만 남루한 알맹이를 채우기 위해서 거쳐야만 하는 과정이었습니다. 다행히 연륜이 있고 많이 배운 분들이라 싫은 내색 없이 친절하게 알려 주시곤 했습니다. 덕분에 전 시인이 되고 수필가가 되었습니다. 오래전 훔쳐보던 책들 속에서 나를 유혹하던 글꽃 향기에 미치진 않지만 글을 쓸 수 있어서 좋았습니다.

오랜 시간 단단한 껍데기 속에 나를 가두고 살았습니다. 살아오는 동안 모난 돌을 만날 때마다 몸 안에 차곡차곡 쌓기만 했습니다. 글을 쓰기 시작한 뒤에 하나씩 꺼내 보니 뾰족했던 모난 돌이 둥근 몽돌이 되어 있는 걸 봅니다. 아프기만 했던 돌들이 내 안에 몽돌이 되어 서로 부딪쳐가며 노래하고 있었습니다. 껍데기만 키운 줄 알았던 시간들이 어쩌면 알맹이도 같이 키우고 있었나 봅니다. 지금, 이 순간의 내가 햇살 아래 껍데기와 알맹이가 하나여서 참 보기 좋습니다.

- 테마가 있는 이야기 『일상으로의 초대』, 2020년 12월

슈퍼우먼과 **진**열대

구석에 숨어 눈치만 보던 친구가 드디어 떠났다. 많은 친구들이 잠시 머물다 떠나는데 그 친구는 여러 달을 죽은 듯이 있었다. 하루하루 시간이 지날수록 풀이 죽어가는 모습이 안쓰러웠다. 그 친구가 빨리 선택을 받아 떠나길 바라면서 또 한편으로는 오래도록 함께 있기를 원했다. 햇살에 반짝이는 은빛 물고기 같은 젊은 친구들이 너무도 쉽게 떠나기 때문이다. 긴 세월 이 자리에 있는 나는 훌쩍 떠나는 젊은 친구들보다 늙고 초라할망정 오래 함께 있는 친구가 좋았다.

새벽 세 시면 일어나 주전자에 물을 올린다. 커피를 한 스푼 넣고 향기를 마시고 입술을 축인다. 간밤의 고단한 잠을 깨우기 위한 나만의 의식이다. 한 잔은 잠을 깨우고 또 한 잔은 하루의 시작을 알리는 신호다. 빠른 걸음으로 가게에 도착해 문을 열고 들어가 조명을 켠다. 어두운 곳에서 잠을 자던 물건들이 일제히 선명한 색깔로 일어나기 시작한다. 이빨 빠진 아이처럼 듬성듬성 비어 있는 공간들이 보인다. 지난 밤 작별인사 할 틈도 없이 급히 자리를 뜬 물건의 빈자리다. 컴퓨터를 켜고 창고에서 새 물건들을 꺼내어 빈자리를 채우면서 하루가 시작된다.

1년 365일 하루도 쉬지 않고 반복되는 일상이다. 벗어나고 싶다. 언제부터 이 자리에 있었는지 기억이 나질 않는다. 무형의 쇠사슬에 꽁꽁 묶인 채 죄수처럼 숨죽이고 가게의 부속품으로 지낸 시간이 너무 오래되었다. 가끔은 친구들처럼 나도 선택받고 싶다. 끝내 팔리지 않을 것 같은 친구도 어느 순간 낯선 이에게 선택을 받고 이곳을 떠난다. 그들의 탈출이 부럽다. 그러나 진열되어 있는 물건은 팔려 나가도 진열대가 팔리는 법은 없다.

가게에 딸린 부속품처럼 눈만 뜨면 이곳에서 시간을 죽인다. 어쩔 땐 내가 붙박이 진열대인 것처럼 느껴질 때가 있다. 어느 한때 비워짐 없이 늘 등짐을 지고 살아야만 하는 말 없는 진열대. 조명을 받는 것은 진열대에 놓인 물건이다. 어느 누구도 눈길 한 번 주지 않는 진열대의 모습이 나를 닮았다. 아니 내가 진열대를 닮았다. 누군가를 빛내기 위해 존재함에도 불구하고 존재 자체를 인정받지 못하는 진열대의 모습이 오늘따라 더 눈에 밟힌다.

소리 없이 문이 열리고 환한 조명과 함께 그녀가 들어온다. 어둡고 조용한 이곳에서 그녀만이 나의 기다림이고 희망이다. 긴 밤의 외로움도 그녀를 보는 순간 밤하늘의 별처럼 태양빛에 가려진다. 잠시만 기다리면 그녀의 손길이 다가와 가만히 쓸어주고 빈자리를 채워가며 나를 위로해 줄 것이다. 조금은 지치고 슬퍼 보이는 그녀지만 나에 대한 손길만은 잊지 않는다. 그녀가 나를 쓰다듬는 순간이 참 좋다. 오늘 또 다시 그녀와 나의 하루가 시작한다. 참 많이도 닮은 우리 둘의 시간이.

이십 년 가까이하던 슈퍼마켓을 정리하는 날이다. 처음 남편의 사업이 잘못되었을 때 아이들과 살기 위해 시작했던 일이다. 사람들과 어울리는 것을 힘들어하던 내가 슈퍼우먼이 되어 수많은 사람들을 만났다. 가끔은 진상 손님도 있었고 친구 같은 손님도 있었다. 그러나 그들은 언제나 스쳐가는 사람들이었다. 문득 진열대에 눈이 간다. 처음 내 손으로 설치한 이후 긴 시간을 나와 함께 해왔다. 고단한 날이면 잠시 기대어 쉬기도 했었다. 말없이 나를 받쳐주던 고마운 친구다. 가만히 눈길을 주고 한 번 손으로 쓸어 본다. 우리 둘 다 이제 자유롭기를 바라며.

- 《시와 정신》, 2020년 봄호

혼자 노는
아이

바위 틈새에서 떨어지는 샘물을 통에 모으다가 노란 민들레를 보았다. 햇살 아래 노랗게 웃는 모습이 예뻐 보여 비밀장소에 옮겨 심기로 했다. 땅바닥에 떨어진 나뭇가지를 주워 살살 뿌리를 캤다. 물이 적당히 채워진 지게를 지고 내려오다가 주변에 아무도 없는걸 확인하고 비밀장소로 살짝 들어섰다. 처음 발견한 뒤로 늘 그래왔듯이 여전히 따뜻하게 반겨준다.

몇 달 전, 아침부터 엄마에게 야단을 맞고 학교도 빠진 채 물지게를 지고 산에 올랐다. 밥도 못 먹고 물을 길으면서 어쩌면 내가 책에 나오는 신데렐라일지도 모른다는 생각이 들었다. 물통에 물이 다 찼는데도 집에 일찍 들어가고 싶지 않았다. 잠시 쉬어가려고 길옆에 선 나무 사이를 두리번거리다가 그동안 보지 못했던 풀밭을 발견했다. 마법처럼 나타난 풀밭을 보는 순간 망설임 없이 나만의 비밀공간으로 찜했다. 그날 이후 틈날 때마다 그곳에서 시간을 보낸다.

따듯한 햇살을 안고 불어오는 봄바람이 풀잎을 가만가만 쓰다듬는다. 어깨에 메고 온 지게를 풀밭에 내려놓고 들고 온 민들레를 심었다. 어쩐지 죽을 것처럼 시들해 보여 물통을 살짝 기울여 물을 주었다. 꽃잎에 작은 물방울이 톡톡 떨어지더니 금세 사라진다. 젖먹이 아이처럼 물을 빨아들인 민들레가 조금 생기를 찾는 듯했다. 벌렁 드러누워 머리 밑에 깍지를 끼고 하늘을 바라보았다. 파란 하늘에 하얀 구름이 모였다 흩어지면서 갖가지 모양으로 변신한다. 하늘에서도 땅에서도 온통 마법이 펼쳐지는 중이다.

친구들이 부르는 소리가 하늘 높이 새가 되어 날아오른다. 아이들이 떠드는 소리를 듣고 엄마가 웃으면서 말한다.

"숙제는 다 했지? 저녁 먹기 전에 들어와."

"응 알았어."

신이 나서 대답하고 급하게 뛰어나갔다. 널따란 운동장에서 고무줄놀이, 술래잡기, 무궁화 꽃이 피었습니다, 말 타기 등을 하다 보니 배가 고프다. 함께 뛰어놀기라도 한 것처럼 빨갛게 물들어가는 하늘이 참 예쁘다. 하나둘씩 집으로 가는 친구들에게

손을 흔들고 나도 집을 향해 전속력으로 뛰어갔다.
"엄마, 배고파!"

내 입에서 나오는 '엄마, 배고파!' 소리에 깜짝 놀라 눈을 뜨니 하늘이 벌겋다. 마치 잔뜩 화가 난 엄마 얼굴 같다. 깜박 잠이 들었었나보다. 서둘러 일어나 지게를 지고 집으로 향한다. 잰걸음으로 걷자니 양 손 끝에 매달린 물통에서 자꾸만 물이 튀어나온다. 에구, 엄마한테 또 혼나겠구나 싶어 마음이 불안하다. 벌겋게 물든 하늘을 등지고 집에 들어섰다. 엄마가 큰소리로 야단을 하신다.

"계집애가 물 한 통 뜨러 가서 하루 종일 코빼기도 안 보이고 어디서 뭐했냐?"

역시 엄마에게 혼나고 말았다. 아무 말도 못 하고 지게를 내려 빨간 고무 통에 물을 부었다. 통을 들여다보니 물이 반도 안 된다. 내일은 한눈팔지 말고 열심히 물을 길어야겠다.

"엄마, 배고파!" 하는 소리가 들려 쳐다보니 동생이다. 엄마가 웃으면서

"아유, 노느라고 배고프지? 조금만 기다려 금방 밥 줄게."

이제 이학년이 된 동생은 학교 다녀오면 후다닥 밥 먹고 밖에 나가 놀기 바쁘다. 숙제도 안 하고 신나게 놀다가 어둑해지면 들어와 밥숟가락 놓자마자 꼬박이며 존다. 그럼 엄마는 나에게 묻는다.

"너 정환이 숙제 해 놨지?"

만약 아니라고 하면 정말 무섭게 화를 내신다. 그 말이 나오기 전에 얼른 동생 숙제부터 하기 시작한다. 동생이 삼 년이나 아래라 숙제하기는 어렵지 않다. 동생과 내 숙제를 마치고 식구들의 이부자리를 펴주고 다락방에 올라온다.
이불 속으로 쏘옥 들어가 등잔에 불을 켜고 베개 옆에 있는 책을 들었다. 어제 재미있게 읽다가 엄마가 석유 닳는다고 뭐라 해서 끝까지 읽지 못했다. 삼분의 일쯤 남았으니 오늘은 다 읽을 수 있기를 바라면서 펼쳤다. 기다렸다는 듯이 엄마가 밑에서 소리를 지른다.

"계집애가 또 책 보려고 하지? 하여간 쓸데없는 짓만 골라서 하니. 빨리 불 꺼!"

오늘은 아무래도 일찍 불을 꺼야겠다. 아까 물 길러 갔다가 늦게 오는 바람에 엄마가 화가 많이 났으니까. 이불 속에 누워 눈을 감았지만 책 내용이 궁금해서 잠이 오질 않는다. 기숙학교에 입학했다가 아빠의 사망 소식을 듣고 하녀로 전락해버린 사라의 다음 이야기가 너무 궁금하다. 애당초 가난한 집에서 태어나 기숙학교의 하녀로 온 베키와, 비교할 수 없을 정도로 귀한 신분이었던 사라의 우정이 부럽다. 사라가 어떤 상황에서도 절망하지 않고 상상의 날개를 펼치는 장면, 춥고 배고픈 상태로 잠들었다가 아침에 눈을 떴을 때 변화된 다락방에서 베키와 만찬을 하는 장면을 읽을 때는 정말 재미있었다. 나도 아침에 눈을 뜨면 몸 하나 겨우 누일 다락방이 따듯하고 맛있는 냄새로 채워져 있었으면 좋겠다.

엄마 아빠의 기분에 따라 학교를 밥 먹듯이 결석하는 바람에 친구가 별로 없다. 나의 하루는 좁다란 골목이 터질 정도로 왁자하게 노는 아이들 곁을 지나 시장에서 먹을거리를 얻어오거나, 산 중턱에 있는 샘물을 나르는 것이다. 제일 싫은 건 시장에 가서 배추 이파리를 줍거나 동태 대가리를 얻어오는 일이다. 무겁긴 해도 지게를 지고 산에 오르면 잠시나마 풀숲에서 아무 눈치도 보지 않고 꿈을 꿀 수 있어 좋다. 밤이면 책을 읽으면서 책 속의 친구들과 하나가 되어 놀았다. 때로는 캔디가 되고, 신데렐라가 되어 내일은 다른 세상이길 꿈꾸곤 한다. 양탄자를 타고 사막 위를 날고, 빗자루를 타고 지구별 여행을 하면서 하늘 높이 날아오르는 상상의 날개를 펼치며 혼자서 논다.

　잠이 오지 않아 뒤척이다가 낮에 풀숲에 옮겨 심은 민들레가 생각났다. 물까지 줬으니 잘 살았으면 좋겠다. 나중에 내가 어른이 되면 그곳을 예쁜 정원으로 만들고 싶다. 어린왕자의 장미도 심고, 제제의 라임오렌지 나무도 심어야겠다. 제비꽃, 노란 개나리, 들국화, 코스모스, 아 맞다, 옹달샘도 하나 만들어 그 옆에 수선화를 심어야겠다.

알고 싶다

 이번 여름은 용광로를 끌어안은 것처럼 뜨겁다. 체질적으로 몸이 차가워 여름은 잘 견디는 편인데 꼼짝 못 할 정도로 더운 날들이 이어지고 있다. 소나기라도 한줄기 내리길 바라며 수시로 하늘바라기를 하지만, 봄철 내내 고장 난 수도꼭지처럼 쏟아지던 비는 언제 그랬냐는 듯 나 몰라라 한다. 너무 더워서일까, 여름마다 시끄럽게 울어대던 매미 소리조차 들리지 않는다.

 틈틈이 하는 일이라곤 영상 수업에 참여하거나 병원에 가는 게 전부이다. 에어컨도 선풍기도 반기지 않는 몸이라 찬물을 끼얹어 가며 늘어져 있다가 간신히 몸을 추슬러 병원에 가곤 한다. 이번에는 멀리 서울까지 왔다 갔다 하면서 제대로 여름을 만났다.

 기차와 버스를 타고 가서 그늘 하나 없는 땡볕 아래를 걸었다. 어쩌면 병을 고치기 위한 행보가 오히려 병을 만드는 것은 아닐까 하는 싱거운 생각을 하며 서울 거리를 돌아다녔다. 어쨌거나 삼 년 전부터 딸이 노래하던 서울 병원 행사는 잘 끝냈다. 결과는 만족스럽지 못하지만 치료의 방향은 확실하게 잡았으니 그것만으로도 충분한 소득이지 싶다. 덕분에 들썩거리던 마음이 소금에 절여진 배추처럼 차분해졌다.

  세상만사 노력해서 안 될 일이 어디 있냐며 자신만만하게 살았다. 워낙 아무것도 없는 상태에서 많은 일들을 해서인지 무의식중에 교만해지곤 한다. 그런 내가 높은 곳에 계시는 어떤 분 눈에는 거슬렸나보다. 가끔 번개처럼 철퇴를 내려치시곤 한다. 살면서 몇 번이나 호된 매를 맞았다. 때로는 내가 겸손해지라고 그러나보다 하고 받아들이지만 때로는 '참 어지간한 분이네, 어찌 그리 내게는 야박스럽게 하시는지' 싶어 바짝 약이 오를 때도 있다. 높으신 분의 뜻을 어찌 다 알까마는 조금은 부드럽게 대해주면 좋겠다는 생각은 여전히 남아 있다. 내가 너무 속이 좁은 걸까?

  오랫동안 죽으면 편할 텐데 하는 생각을 품고 있었다. 데굴거리며 늦잠 자고, 발길 닿는 대로 떠날 수도 있는 그런 휴식이 필요한데, 쉴 수 없으니 차라리 죽는 게 편하겠다는 생각을 한 것이다. 그런 내게 갑작스럽게 휴식이 주어졌다. 너무 휘둘렀다 싶었는지 그분이 조금 고삐를 늦춰 주신 것이다. 처음에는 화가 났다. 하필이면 이런 형태로 나를 쉬게 하나 싶어 아무에게라도 화풀이하고 싶었다. 하지만 늘 그랬듯이 남에게 화풀이하는 방법을 모르니 오랜 습관처럼 나를 괴롭혔다. 굴을 파듯이 내 안에 틀어박혀 온갖 우울하고 불행한 일들을 곱씹었다.

어쩌면 욕심이 지나쳤는지도 모른다. 남들은 두 번, 세 번 겪어야 할 인생을 한꺼번에 해내고 있으니 말이다. 절대 과장이 아니다. 실제로 몇 번의 고비를 만날 때마다 내가 했던 선택은 인생행로를 완전히 바꾸었다. 어쩌면 그건 남과 다르게 살고 싶은 자만심 때문인지도 모른다. 아니, 걸맞지 않게 어떻게 살아야 하는지 답을 찾는 어리바리에게 필수적으로 따라오는 부작용인지도 모른다.

어린 시절을 비슷한 환경에서 지내던 친구들의 소식을 들은 적이 있다. 대부분 부모 세대와 다르지 않게 적당히 웃고, 다퉈가면서 잘살고 있다는 말을 들었다. 그들과 달리 난 적당히 사는 게 쉽지 않다. 주변 사람들은 나를 보며 왜 안주하지 못하고 자신을 괴롭히는지 알 수 없다는 말을 한다. 그렇다, 묘하게도 나는 적당히 살고 싶지 않았다. 내가 옳고 다른 이들이 그르다는 그런 의미가 아니다. 단지 사람으로 태어나서 자신의 안위만을 위해 산다는 게 싫었다.

아버지 어머니가 작은 울타리 안에서 자기만의 고통을 내세우며 주변을 힘들게 하는 것을 보면서 자랐다. 그때 내가 느낀 감정을 뭐라고 표현할지 모르지만 그건 아닌데 싶었다. 부모의 행동을 이해할 수 없었고 나는 그렇게 살지 않겠다고 다짐하곤 했다. 모름지기 세상에 태어났다면 위대한 발자취는 아닐망정, 나름의 변화는 추구해야 한다고 생각했다. 자신을 업그레이드하고 어제보다 나은 내일을 위해 노력해야 한다고 생각했다. 그래서 부모가 물려준 유산 중에 부조리한 것은 내 대에서 끊어 내고, 좋은 점만 후대에 물려주려고 노력했다.

도대체 어린아이가 왜 그런 생각을 했는지 알 수 없다. 철학이 무언지도 모르는 상태에서 이미 철학자처럼 생각하며 스스로를 부단히 괴롭히며 산 것이다. 어쩌면 그건 닥치는 대로 읽어댄 책들의 영향일지도 모른다. 다른 무엇보다도 나란 존재가 그런 부모의 자식으로 태어나 살아내야 했던 인생의 의미를 찾고 싶었다. 내 삶의 중심인 그분이 세상에 나를 보낸 이유를 알고 싶었다. 거친 황무지에 씨앗을 뿌리고 어떤 열매를 맺기를 바라셨는지, 내가 끝내 해내야만 하는 사명은 어떤 것인지 정말 궁금했다.

그런 생각들은 아직도 이어지고 있다. 모든 살아 있는 것들은 의미가 있다는데 나란 존재의 의미는 무엇인지 궁금하다. 때로는 지난날의 사유들을 내려놓고 이 순간에 안주하고 싶다. 오랫동안 바라던 휴식의 순간을 제대로 누리고 싶다. 하지만 어쩐지 나를 편하게 놓아두는 게 불편하다. 아직 답을 얻지 못해서인지도 모른다. 처음부터 지금까지 함께 울고 웃으며, 앞서거니 뒤서거니 걷는 그분의 진정한 뜻을 아직도 알지 못하는 내가 답답하다.

겨자씨만한 작은 씨앗을 세상에 뿌리고서 수시로 햇볕과 비바람, 그리고 천둥 번개까지 잊지 않고 내려주시는 분. 잊힌 듯싶어 눈물 흘리면 어느새 달려와 달래주시는 그 분의 숨은 뜻을 알고 싶다.

- 테마가 있는 에세이 『안부』, 2021년 12월. 일부 수정

그해 여름
소나기

    일 년의 어느 하루도 거리를 헤매지 않은 적이 없다. 뭔지 모를 답답함이 나를 거리로 내몰곤 했다. 그날도 난 거리에서 비를 맞고 있었다. 달동네 좁은 골목을 잇는 처마는 쉽사리 타인을 받아들이지 않는다. 골목이 좁아 처마를 길게 뺄 수 없기 때문이다.

    빗소리를 들으며 겨우 머리만 가리는 처마 밑에서 멍하니 서 있었다. 언제부터 당신이 옆에 있었을까? 어쩐지 낯선 당신이 반가워 나도 모르게 웃었다. 혼자서 비를 맞지 않아도 된다는 안도감이 들어 좋았다. 무엇을 해야 할지 막막할 때 말없이 곁에 있어주는 당신이 고마웠다.

    그날 이후 나의 눈은 당신을 찾아 두리번거리기 시작했다. 귀를 쫑긋 세우고 당신 기척을 들으려고 애를 썼다. 그냥 당신을 볼 수 있다는 것만으로 좋았다. 다른 생각은 하지 않았다. 누군가를 사랑하기에는 너무나 벅찬 현실 앞에서 잠시 꿈이라도 꾸고 싶었을 뿐이다.

내리는 빗줄기 사이로 나를 보는 눈길이 좋았다. 당신에게서는 언제나 비의 향기가 났다. 약간은 습하고 나른한 향기가 안개처럼 흘러나와 나를 감싸는 게 좋았다. 시간이 얼마나 흘렀을까. 말없이 곁에 있는 당신에게 기대어 울고 싶다는 생각을 속으로 해본다. 한밤중에 비를 맞고 서 있는 이유를 묻지 않아서, 혼자 비를 맞지 않아도 된다는 묘한 안도감이 생겨서, 스쳐 가는 사람들처럼 얄팍한 호기심으로 다가오지 않아서 고마웠다. 그렇게 당신은 내리는 빗방울처럼 나에게 스며들었다.

창문을 열고 잠이 들었나 보다. 빗물이 얼굴을 때리는 바람에 눈을 떴다. 창밖에는 낮 동안의 더위를 가라앉혀주는 비가 내리고 있었다. 어쨌든 들이치는 비는 막아야지 싶어 창문을 닫으려는데 저만치 담에 기대선 아이가 보인다. 이렇게 비가 내리는 한밤중에 저 아이는 무슨 이유로 저러고 있을까. 닫으려던 창문을 반만 닫은 채 한참을 지켜보았다.

어둠 속에서 아이는 하늘을 올려다보고 있었다. 아이의 시선을 따라 올려다보았다. 가로등 불빛이 닿을락 말락 한 끄트머리에 내리꽂히는 빗줄기만 보일 뿐 아무것도 보이지 않는다. 손을 뻗어 담배 한 개비를 꺼내어 성냥불을 붙였다. 한 대 두 대를 피우는 동안 여전히 아이는 그 자리에 있었다. 어쩐지 마음에 걸려 조용히 신발을 신고 우산을 챙겨 밖으로 나왔다.

아이가 놀라기라도 할까 봐 걱정스러웠지만 어쩐지 모른 척할 수가 없었다. 지나가는 행인인 척 앞을 스쳐도 아이는 여전히 하늘만 올려다보고 있었다. 결국 우산을 접고 아이 옆에 나란히 섰다. 아이를 따라 나도 빗줄기를 바라보았다. 비와 아이를 번갈아 보며 한참을 서 있었다. 어찌할까 생각하는데 아이가 나를 똑바로 쳐다본다. 눈이 마주치는 순간 힘없이 웃는 얼굴에서 빗물인지 눈물인지 모를 물기가 보인다. 자세히 보니 아이가 아니라 내 또래 여자였다. 순간 빗소리는 간데없고 하늘과 땅 사이에 그녀만이 살아 숨 쉰다.

비가 오려는지 선풍기에서 습한 바람이 밀려 나온다. 출근하자마자 고개 숙이고 정신없이 박음질 중이다. 오늘따라 반장 언니의 말투에 날이 서 있다. 어제 애인 만나러 간다더니 싸움이라도 했나보다. 이런 날은 조심해야 한다. 공연히 잘못 건드리면 없는 일감도 찾아내어 철야를 시키기 때문이다. 야근이야 밥 먹듯이 하지만 철야만은 하고 싶지 않다.

오늘도 변함없이 야근이다. 마음속 시계는 부지런히 가는데 작업 종료 소리는 아직 소식이 없다. 영영 울리지 않을 것만 같던 벨 소리가 들린다. 뒤도 돌아보지 않고 잽싸게 공장 문을 나선다. 들리지 않을 것을 알면서 '나 지금 가요!' 신호를 보내며 버스에 올라탄다. 굼벵이처럼 느린 버스에서 발을 동동 구르다가 마침내 버스에서 내린다.

"이제 와요? 오늘도 피곤하지요?" 그이가 내 신호를 알아 들었나보다.

짧은 곱슬머리, 반짝이는 눈동자, 까맣고 긴 속눈썹, 높지도 낮지도 않은 코, 야무진 입술, 하루 종일 머릿속을 떠나지 않던 얼굴이 눈앞에서 웃는다. 혹시라도 보이지 않으면 어쩌나 싶어 가슴 조이던 얼굴이 눈앞에 있는 것이 신기하다.

지루하고 길기만 하던 낮 시간은 밤이 되면서 마법처럼 살아난다. 달빛마저 지쳐 잠이 든 어두운 거리에 달콤한 향기가 퍼진다. 재봉틀 앞에서 내내 웅크렸던 몸이 비로소 기지개를 편다. 하루 종일 선풍기에서 맴돌던 습한 바람이 마침내 비가 되어 내리기 시작한다. 그이가 우산을 펼쳐 내 머리를 가려준다. 이대로 그이의 우산 속에서 살 수 있다면 참 좋겠다. 더디게만 가던 시곗바늘이 쏜살같이 달리기 시작한다.

누나 집 방 한 칸에 짐을 풀고 여러 날이 지났다. 이곳에 온 뒤로 짜증만 난다. 지지리 궁상인 사람들이 모여 밤낮없이 악다구니 쓰는 걸 이해할 수 없다. 당장이라도 떠나고 싶지만 갈 곳이 없다. 아버지에게 학비와 방세를 달라고 하기 싫다.

방학이 되어 집에 내려가니 낯선 사람들이 있었다. 시골에서 농사짓는 아버지 곁에 새어머니와 사내아이가 동생이라고 들어온 것이다. 누나 말로는 남편 여의고 아들 하나 데리고 혼자 살던 여자라며, 아버지 수발이나 들어주다가 나중에 돌아가시면 그 집을 주기로 했다고 한다.

새 가족이 싫은 것은 아니다. 단지 평생 고생만 하다가 병을 얻어 손 써 볼 틈도 없이 돌아가신 어머니가 생각나서이다. 어머니가 살던 집에서 어머니 냄새가 지워지고 내가 돌아갈 곳이 없어지는 게 싫을 뿐이다. 아버지는 나를 보고 새어머니이니 어머니라고 부르라고 하시지만 그건 안 될 말이다. 어째서 그 여자가 내 어머니란 말인가?

고민 끝에 공군에 입대 지원서를 내고 누나 집으로 들어왔다. 아르바이트 삼아 동네 꼬마 두어 명의 학습을 도와주며 시간을 죽이는 중이다. 마음에 안 들지만 어찌해볼 도리가 없어 짜증만 나던 차에 그녀를 만났다. 한밤중에 비를 맞는 그녀의 눈을 처음 본 순간 어머니 생각이 났다. 늘 변함없이 강하고 다부지던 어머니가 소화가 안 된다며 힘들어하던 모습. 부뚜막에 앉아 아무도 모르게 우시다가 나를 발견하곤 황급히 눈자위를 훔치던 모습. 울고 있는 모습이 낯설어 말도 못 붙이고 돌아서서 밖으로 나오던 내 못난 모습이 주마등처럼 지나간 것이다.

병이 들어 노랗게 퇴색되어가던 어머니 얼굴이 그녀의 노란 얼굴에 덧씌워진다. 눈만 마주치면 웃는 그녀의 눈이 울고 있는 것처럼 보이는 건 나만의 착각일까? 백열등 불빛 아래 나날이 시들어가는 그녀가 밭일을 하면서 허리 한 번 못 펴던 어머니를 떠올리게 한다. 늦은 밤 버스에서 내리는 그녀가 나를 향해 다가온다. 노란 얼굴의 그녀가, 아니 너무 보고 싶어 생각만 해도 눈물이 나는 어머니가 내게로 온다.

그해 여름 소나기를 다시 보고 싶다.

내 지갑에 들어 있는 것

'땡그랑' 발밑에서 나는 소리에 쳐다보니 오백 원짜리 동전이다. 시장에서 가지와 호박을 구입하고 계산하기 위해 지갑을 열다가 떨어뜨렸다. 동전을 주워 넣은 뒤 물건 값을 치르고 집으로 왔다. 들고 온 물건을 냉장고에 넣고 지갑을 정리하는데 하얀 동전이 배시시 웃는 게 보인다. 어쩌면 사람 많은 시장에서 맨몸으로 부딪친 게 부끄러웠을까?

요즘은 대부분 동전을 사용하지 않는다. 아니 현금 자체를 가지고 다니지 않는다. 특히 젊은 사람일수록 더 그렇다. 가까이 있는 딸만 보더라도 지갑 자체를 들고 다니지 않는다, 휴대폰에 카드만 넣어가지고 다닌 지 몇 년 되었다. 불과 10년 전, 사회생활을 시작하는 기념으로 백화점 명품 매장에 데리고 가 지갑을 사줄 때만 해도 환하게 웃던 딸이다. 여담이지만 난 아이들이 취업을 해서 사회인으로 출발할 때마다 명품 지갑을 하나씩 사주곤 했다. 엄마로서 아이들이 돈으로 인해 고생하지 않기를 바라는 마음을 그렇게 표현한 것이다. 그때 사준 명품지갑은 딸아이의 화장대 서랍에서 고이 잠을 자고 있다.

지갑의 용도는 돈을 넣기 위해서다. 소중한 돈을 깨끗하게 보관하고 필요할 때 꺼내 쓰기 위해서다. 때로는 누군가에게 자신의 현재를 적나라하게 드러나지 않게도 한다. 그런 지갑의 용도가 변했다. 이제 지갑은 본래의 용도를 잃어버리고 일종의 과시용이 되었다. 굳이 지갑을 열지 않아도 휴대폰 하나로 해결이 되게끔 세상이 변했는데 명품 지갑이 여전히 인기 있는 이유는 무엇일까? 그건 지갑에 붙어있는 로고 때문이다. 없어도 괜찮고 싸게 살 수 있는 지갑도 많은데 몇 십만 원에서 때로는 백만 원 단위를 훌쩍 넘는 지갑이 여전히 인기몰이를 한다. 거기엔 그런 지갑을 들고 다닐 정도로 능력이 있다는 과시욕이 숨겨져 있는 것이다.

난 일의 특성상 지갑이 필요 없었다. 결혼하고 나서 도매시장과 거래하는 일을 계속했고, 무엇보다도 집에 객식구들이 많아 소량으로 물건을 사는 일이 드물었다. 필요한 게 있으면 거래처에 주문해서 받으면 되니 직접 시장에서 물건을 살 필요도, 그럴 시간도 없었다. 그런 내가 시대의 흐름에 맞지 않게 새삼스럽게 지갑을 들고 다닌다. 남들처럼 휴대폰에 카드 한두 장 넣고 다니면서도 지갑을 이용하는 이유는 뭘까? 그건 두 가지 이유가 있어서다.

첫 번째는 순전히 지갑 자체 때문이다. 내가 아이들의 첫 출발에 지갑을 사준 영향인지 큰 아들이 첫 월급을 타자마자 지갑을 사왔다. 유명한 명품지갑을 거금 백만 원 넘게 주고 샀다며 들고 온 것이다. 엄마의 취향을 잘 아는 아들이 보랏빛이 감도는 지갑을 건네주는데 얼마나 놀랍고 고맙던지 지금도 그 순간을 생각하면 가슴이 따듯해진다.

지갑을 받아서 이리저리 쓸어보기를 며칠 했지만 쓸 일이 없어 장롱 서랍에 넣고 간간이 쳐다보기만 했다. 그렇게 몇 년의 시간이 흐르고 어느 날 무심코 들여다보니 보라색 염색이 바래가는 게 눈에 띄었다. 깜짝 놀라 매장에 들려 물어보았다. 직원은 지갑이나 가방은 사용하지 않으면 오히려 상태가 더 빨리 나빠진다며 그냥 편하게 쓰라고 한다. 그날부터 지갑을 사용하기 시작했다. 마침 일을 그만두고 손수 장을 보는 일이 잦아져서 지갑이 필요해진 참이다. 다행스럽게도 로고가 요란하게 눈에 띄지 않는 지갑이라 시장에서도 편하게 사용할 수 있었다.

두 번째 이유는 소규모 자영업자였던 경험 때문이다. 몸소 경험했기에 작은 가게를 운영하는 사람의 처지를 누구보다 잘 안다. 적은 자본으로 동네장사를 하는 사람은 어려움이 많다. 일례로 내 경우를 들면, 슈퍼를 하면서 도매상에서 물건을 받을 때마다 실랑이를 하곤 했다. 조금이라도 싸게 구입하기 위해서였다. 동네 안까지 중대형 마트가 생기면서 벌어진 현상이다. 대형마트나 인터넷몰에 물건 값을 비교하는 소비자들에게 유통구조를 일일이 설명할 수도 없고, 그렇다고 영업사원에게 마냥 억지를 부려 물건을 싸게 달라고만 할 수 없는 게 소규모 자영업자들이다. 아무리 애를 써도 동네에서 맞이하는 손님의 숫자가 적으니 결과적으로 물건을 대형마트에 비해 비싸게 받아서 팔 수 밖에 없다.

그 격차를 조금이라도 줄이려고 궁여지책으로 모든 물건을 현금으로 구입하기도 했었다.(영업사원들은 월말 성과금을 받기 위해 매달 목표량을 팔아야 한다. 그때 현금을 주며 물건 구입을 하는 것이다) 그런 방법으로 경제 시장에서 몇 년 버텼지만 결국 문을 닫을 수밖에 없었다. 그렇게 유통구조의 최전선에서 일했던 경험 때문인지 동네장사를 하는 분들을 볼 때마다 남의 일이 아니란 생각을 하게 된다. 비단 슈퍼만의 일이 아니다. 거의 모든 업종에서 부익부 빈익빈의 현상은 날로 커져가고 있다.

동네장사를 하는 사람은 자본금이 많지 않다. 적은 자본으로는 경쟁에서 질 수밖에 없는 것이 현대사회다. 이길 수 없는 걸 뻔히 알면서도 그들은 날마다 살아남기 위해 고군분투한다. 돈이 돈을 버는 세상에서 적은 돈으로 버텨야 하는 그들을 남의 일로만 볼 수 없는 게 솔직한 심정이다. 나 역시 잘 살아보려고, 아이들에게 조금이라도 나은 여건을 물려주려고 애를 썼지만 힘든 상황에서 벗어나지 못했다. 그런 경험이 그들을 보는 시선에 안타까움을 담게 한다.

　난 인터넷 쇼핑을 잘 하지 않는다. 내가 인터넷으로 물건을 사는 것은 알라딘 서점에서 책을 사는 게 전부이다. 책이 필요하면 일단 알라딘 중고매장을 이용하고 없으면 그때서야 인터넷에 들어가 구입한다. 그 외 대부분의 물건은 동네시장에서 구입한다. 동네에서 물건을 살 때는 카드를 사용하지 않고 현금을 이용한다. 매주 정기적으로 사용할 돈을 찾아 그 한도 내에서 필요한 물건을 구입한다. 카드는 대형마트나 백화점, 들고나간 현금을 다 썼을 때만 사용한다. 동네에서 소규모로 장사하는 분들에게는 반드시 현금을 사용하고 현금이 없을 때는 당장 필요하지 않은 물건은 나중에 구입하곤 한다. 카드가 아닌 현금을 쓰다 보니 지갑이 필요해진 것이다.

　그렇게 내 지갑은 명품에 걸맞은 자리가 아닌 동네 시장에서 빛을 본다. 지갑의 몸값에 어울리지 않게 오백 원짜리 동전과 잡동사니를 담고 항시 동행한다. 귀한 물건도 함부로 사용하는 주인 덕분에 어쩌면 지갑은 서운할지도 모르겠다. 하지만 지갑은 내 마음 깊은 곳을 알고 있으리라 생각한다. 오랜 백수 생활의 여파로 지갑에 현금은 점점 줄어들고 있지만 앞으로도 오랫동안 나와 함께 지낼 것이다. 왜냐하면 거기에는 아들의 마음이 들어 있기 때문이다.

낙인은 무소불위다

 난 술을 좋아하지 않는다. 술중독자는 더더욱 좋아하지 않는다. 물론 중독자라는 단어가 붙은 사람의 경우이다. 그들 가까이 있으면 절로 인상이 찌푸려진다. 애써 태연한 척하지만 부패인지 발효인지 정체 모를 냄새에는 익숙해지지 않는다.

 맨 처음 술을 만든 것은 원숭이라는 설이 있다. 원숭이가 모아둔 과실이 발효되어 술이 되었다 한다. 우연히 사람이 그것을 맛보고 술을 만들기 시작했다는 말을 들었다. 그래서 술에 취하면 통제 불능에 말이 통하지 않는 원숭이처럼 되는 건가 하는 싱거운 생각을 해본다. 어떤 경로든지 술은 사람이 만든 놀라운 작품 중의 하나이다. 그 좋은 술을 즐기는 게 아니라 술독에 빠져 허우적거리는 것은 여간 보기 사나운 게 아니다.

어릴 때는 몰랐지만 사회생활을 하다 보니 술의 긍정적인 면도 알게 되었다. 때로는 술을 전혀 안 마시는 사람보다 적당히 즐길 줄 아는 사람이 대하기 편하다. 그러나 그건 어디까지나 술을 즐기는 사람에 한해서다. 무엇이든 지나치면 안 좋듯이 술 역시 마찬가지다. 익히 알면서도 적당히 하는 것이 어렵기에 일부 사람들은 중독자가 되는 것이다.

사람이 술을 마시는 첫 단계는 즐거움이다. 기분 좋게 마시는 단계를 지나 술이 사람을 마시기 시작하면 문제는 심각해지고 돌이킬 수 없는 길로 들어서는 것이다. 술이 사람을 마신다는 말이 어폐가 있을지 모르지만 난 술이 사람을 마시는 경우를 자주 보았다. 걸음을 떼기 전부터 술 냄새를 맡았기 때문이다. 아니, 그보다 술에 취해 저지른 실수로 내가 생명을 얻었다는 표현이 맞다. 어머니의 난자와 만나기 전, 아버지의 정자는 이미 술에 취한 상태였으니 말이다.

술에 취한 아버지가 어머니를 품에 안는 순간 내가 생겼다. 그 바람에 당신 팔자가 고약하게 되었다며 어머니는 내내 나를 원망하셨다. 아버지의 술 취한 정자는 한 걸음 더 나아가 남동생까지 탄생시켰다. 묘한 것은 나로 인해 신세 망쳤다는 어머니가 남동생으로 인해 행복했다는 것이다. 나와 동생은 같은 부모, 같은 환경에서 자랐지만 다른 색깔의 삶을 살았다. 그건 내가 어머니에게 불행의 원인 제공자이고, 동생은 그 불행한 현실에서 위안을 주는 대상자였기 때문이다.

 술에 취한 정자가 한 일은 또 하나 있었다. 조상 대대로 대물림하는 유전자에 슬며시 낙인을 찍은 것이다. 그것은 한 사람의 삶을 좌지우지할 정도로 강력한 힘을 가진 중독자라는 표시였다. 낙인은 절대적이고 무소불위다. 죽을 정도로 안간힘 써야만 겨우 벗어날 수 있을까? 여간해서는 그 표식에서 벗어나기 힘들다. 동생과 나는 중독자라는 낙인에서 벗어나려고 많은 날들을 소비해야 했다.

 낙인의 힘은 어찌나 막강한지 이기는 날보다 지는 날이 더 많다. 예를 들면 난 술이라면 질리는 사람인데도 젊은 시절 폭음을 하고는 했다. 냄새도 좋지 않고 목으로 넘기는 일 또한 쉽지 않은 술을 정신없이 마시곤 했다. 마시지 않으면 견딜 수 없을 것 같은 때가 있었다. 아니 사실은 그럴만한 이유가 없어도 핑계를 만들어 술을 찾았다. 하루는 가난한 일상이, 또 하루는 포기하지 못하는 사랑이 술을 마시게끔 했다.

 난 평생 사랑받기를 원했다. 나 때문에 꼬인 인생이 되었다는 어머니의 사랑을 원하고, 나보다 술을 더 좋아하는 아버지의 사랑을 갈구하며 안간힘 쓴 시간들이 있었다. 그들에게 사랑받기 위해 철들기 전부터 쉬지 않고 일했다. 아버지의 술병과 어머니의 주머니를 채우면서 어머니가 끔찍하게 아끼는 아들의 학비를 벌었다.

집안의 경제를 책임지는 동안에는 무심한 부모도 가끔은 웃어주었기에 지치지도 않고 그들의 낯빛을 살피며 일을 했다. 그들이 웃으며 착한 딸이라는 말을 하면 힘들게 일한 것에 대한 보상을 받는 기분이었다. 비록 잠깐의 관심일망정, 난 절실하게 그들에게 가족의 일원으로 인정받기를 원했기 때문이다. 하지만 아무리 노력해도 그들은 나를 먹고 살기 위한 수단으로밖에 여기지 않았다. 돈을 건네는 그 잠깐의 순간이 지나면 난 여전히 불행의 원인제공자일 뿐이었다.

늦은 달빛이 내릴 때 집으로 가는 길은, 잡풀이 제멋대로 자란 숲길을 걷는 것처럼 지난하다. 골목길 안쪽에 어둑하게 자리 잡은 집이 못 견디게 싫었다. 마치 어둠의 그림자가 기어 나와 나를 집어 삼킬 것만 같아 무섭기까지 했다. 하지만 아무리 무서워도 난 그들의 사랑을 간절히 원했기에 들어갈 수밖에 없었다.

열심히 노력해도 응답받지 못하는 나의 사랑은 때때로 술을 부르곤 했다. 어려서부터 아버지가 술에 의지하는 모습을 봤기에 술이 답을 주리라 생각했다. 아버지가 딸보다 더 사랑하는 술이 위로해 주길 바랐지만 그 역시 허망한 몸부림에 불과했다. 술은 나를 더욱 힘들게 할 뿐이었다. 마시지도 못하는 술을 홀짝이며 눈물 흘리던 밤들을 지냈지만 내 마음은 여전히 외로운 섬이었다.

언제였던가. 난 아버지가 술에 취할 수밖에 없었던 이유를 생각해 본 적이 있었다. 젊은 날의 아버지는 미남이고 유식한 사람이었다. 술에 취하지 않은 날이 드물었지만 아버지는 작은 내 가슴을 물들이기에 충분할 만큼 멋진 분이었다. 지금 생각해 보면 어머니 역시 아버지의 외적인 멋에 반해 함께 살았으리라 짐작된다.

어머니는 아버지와 결혼이 아닌 함께 사는 동거인이었다. 어머니와 아버지는 흔히 말하는 내연의 관계였다. 어쩌다 우연히 알게 되었지만 술에 의지하기 전의 아버지는 중산층의 삶을 살았었다. 아버지는 일제시대에 유학을 하고 지금도 존재하는 대기업에서 잘나가는 인재였다. 그러던 사람이 술로 인해 망가지기 시작했다. 그것을 견디지 못한 본부인이 내 어머니에게 슬쩍 자기 남편을 떠넘긴 것이다. 내 어머니에게 버려지듯 남겨진 아버지는 잃어버린 것들을 향한 몸부림을 술로 달랬다. 가끔 술에 덜 취한 날이면 나를 뚫어져라 바라보던 아버지의 눈길이 생각난다. 그 눈길의 뜻을 이제야 조금 알 것 같다. 어쩌면 아버지 역시 내가 아니었으면 되돌아갈 수 있었던 자신의 빛나던 날들을 생각했을지 모른다.

술에 영혼을 판 남자인 줄 모르고 넘겨받은 어머니는 살아있는 동안 내내 나를 원망했다. 나라는 존재가 태어나지 않았다면 당신이 그리 살지 않았을 텐데 하면서 말이다. 어쩌면 어머니의 그 말도 사랑이었을지 모른다. 내가 생기는 바람에 힘들어도 떠나지 않고 살았다는 말, 그 말속에는 그래도 널 버릴 수는 없었다는 뜻이 숨어있는 것이다. 자식이기에 버릴 수 없지만 눈앞에서 웃는 모습을 봐주기는 어려웠던 어머니의 그 마음이 어쩐지 슬프다. 물론 이건 나도 나이가 들어가면서 알게 된 감정이다. 당시에는 그런 감정보다 왜 어머니가 나는 미워하고, 동생은 감싸고도는지 이해할 수 없었다.

불행 중 다행으로 어느 순간부터 내 몸은 술을 거부하기 시작했다. 술만 마시면 몸에 두드러기가 나면서 피부를 칼로 베는 것처럼 통증이 생겼다. 억지로 마시던 술과의 인연은 그렇게 끊어졌다, 하지만 중독이라는 낙인은 아직도 나를 놓아주지 않는다. 술을 마시지 않아도 술에 취한 것 같은 감정의 롤러코스터는 여전히 진행 중이다.

갖은 힘 다해 마음을 무장해도 수시로 바닥으로 끌어내리는 우울증이 나와 함께 살고 있기 때문이다. 어쩌면 그건 사랑을 구걸하던 어린 시절 탓인지도 모른다. 가끔은 나도 모르게 만사가 귀찮고 비관적인 생각을 하게 된다. 어쩌면 죽을 때까지 끌어안고 가야 할 업보인지도 모른다. 안타깝게도 동생 역시 아버지의 뒤를 따라 술중독자가 되었다. 술에 취해 위태로운 일상을 보내는 동생을 보면서 유전자에 찍힌 낙인의 힘을 다시 생각하게 된다.

사월이면
생각나는 사람

 며칠 전 외출했다가 들어오면서 우편함에 꽂힌 책을 보았다. 『3·8민주의거』란 책이다. 4·19혁명의 한줄기인 충남 학생의 거를 잊지 않고 기념하기 위해 만든 책이다. 책 표지에 쓰인 "푸른 들풀로 솟아나라"는 글귀가 눈에 띈다. 푸른 들풀로 솟아나기 위해 나이 어린 학생들이 얼마나 큰 용기를 냈을까 생각해 본다. 그들만이 아니다. 내가 태어나기 전부터 이 땅에 살고 있던 사람들은 온갖 모진 시련을 견뎌내야만 했다.

 일제 식민지 시대를 거쳐 헐벗은 산야와 텅 빈 국고를 유산으로 받은 조상들이다. 초라한 산과 들을 푸르게 가꾸고 배고파 우는 후손을 위해 있는 힘을 다했다. 이웃 나라에 머리 조아려 가며 나라 살림을 꾸렸다. 그들의 노고 덕분에 불과 반세기 만에 우리는 놀랍도록 발전했다. 가난해서 원조를 받아야 했고, 불리한 조약에도 끌려 다녀야만 했던 나라가 당당하게 선진국 대열에 들어선 것이다.

경제 분야만 발전한 것이 아니다. 시민들의 사고방식에도 많은 변화가 있었다. 아직 부족한 민주주의지만 이만큼 누리게 된 것도 지난날 나라의 앞날을 생각하며 자신을 희생한 사람들 덕분이다. 거기에 비하면 난 지극히 평범한 여자다. 나라 살림에는 그다지 관심 없다. 내 집 살림 하나만으로도 버거운 사람이다. 그럼에도 불구하고 시기적으로 베이비부머 세대에 끼어 있어 다양한 경험을 했다.

젊은 시절 잠시 노동운동에 참여했던 적이 있다. 어린 나이지만 가족을 돌보기 위해 공장에서 일할 때였다. 새벽부터 밤까지 기계 소리와 라디오 소리에 묻혀 지냈다. 그 무렵 전태일에 대해서 알게 되었다. 청계천 봉제 공장의 노동자 전태일이 분신자살했다는 것을 비디오테이프를 통해 보게 된 것이다. 노동 현장의 열악함을 개선하려고 노력하다가 끝내 자기 목숨까지 바친 사람이 가슴을 아프게 했다.

청춘의 시기였기에 울분을 참지 못하고 노동운동에 참여했다. 하루 종일 일하고 피곤한 몸으로 밤이면 집회에 참석했다. 비디오와 전단지를 통해 노동운동을 해야만 하는 이유를 배웠다. 어쩌다 쉬는 날이면 위장 취업한 대학생을 따라 최루탄과 돌멩이가 나뒹구는 거리를 누비곤 했다. 꿈꾸던 대학교를 엉뚱한 방식으로 접한 것이다. 노동가를 부르며 거리를 누비다가 막걸리 집에 들어가 못 마시는 술을 마시기도 했다. 어쩌면 노동자의 현실 개선 보다 단순히 분위기에 휩쓸린 건지도 모른다. 틈만 나면 거리로 뛰어나갔다.

당시에는 노동운동을 하면 빨갱이라는 소리를 듣던 시절이다. 실제로 한동안 형사가 그림자처럼 따라다녔다. 하루는 일을 마치고 들어가니 아버지가 평소보다 더 술에 취해 심하게 야단을 하셨다. 형사가 찾아왔다고 한다. 딸이 불순 세력과 어울려 위험한 짓을 하고 다닌다며 딸 간수 잘하라고 했다는 것이다. 그날부터 아버지 어머니는 '네게 기대는 식구가 몇인데 정신 차리라'며 수시로 야단하셨다. 가뜩이나 편하지 않던 집에서 나의 일상은 더 힘들어졌다. 낮에는 공장에서 요주의 인물이라며 수시로 불리어갔다.

결국 난 선택을 해야 했다. 무리에서 빠져나와 눈 질끈 감고 일만 했다. 표면상의 이유는 가족의 생활을 책임져야 해서 할 수 없다는 핑계를 댔다. 동료들도 이해하고 받아들였다. 하지만 스스로는 안다. 내가 그 길에서 물러난 이유는 겁쟁이였기 때문이다. 형사가 밤마다 쫓아다니며 계집애가 무슨 험한 꼴을 당할지 모르니 정신 차리라는 말. 안 그래도 술에 젖어 살던 아버지가 술 마시는 핑계를 내게 돌리는 일. 어머니의 계집애가 쓸데없는 일만 하고 다닌다는 잔소리가 듣기 싫었기 때문이다.

얼마 전 우연히 그 시절 동료들의 소식을 들었다. 한 명은 젊은 나이에 노동운동을 하다가 숨을 거두어 민주 열사로 기념된다고 한다. 또 다른 이는 여전히 그 길에서 자기 몫을 잘하고 있다는 말을 들었다. 팔십 년대 중반까지 우리 역사는 피 터지게 싸우고 터진 상처를 싸매는 일의 연속이었다. 그 과정에서 달라진 개인의 역사는 얼마나 많은지 생각해 본다. 누군가의 아들 딸, 어미, 아비가 나라와 후손을 위해 귀한 삶을 포기하면서 물려준 것이다. 알려지지 않은 이들이 꽃 같은 인생을 포기한 덕분에 오늘 우리는 꿈을 꾸게 되었다.

삼월의 봄을 수놓으며 피어나던 꽃들이 시나브로 지고 있다. 앞서거니 뒤서거니 새봄을 알리던 꽃이 지면 푸르게 익어가는 풀잎들의 시간이 다가온다. 오래전 삼월의 만세 소리가 사월의 민주 항쟁으로 오늘까지 이어지고 있다. 사월의 봄이 오면 평소 잊고 살던 그날이 생각난다. 최선의 선택이라고 했던 것들이 가슴에 앙금으로 남아있다. 보태는 거 없이 얻어만 먹는 심정이다. 가만히 눈을 들어 하늘을 보고 땅을 본다. 이 끝에서 저 끝까지 진초록으로 물들어가는 들풀을 바라본다.

도둑질하는 여자

　종이 위에 그려진 달처럼 존재감 없는 여인이다. 그녀는 부족하지 않은 가정에서 자랐지만, 충분히 사랑받고 있다는 감정은 느끼지 못한 채 어른이 되었다. 사랑이라 믿고 한 남자와 결혼하지만 이내 무미건조한 관계가 되고 만다. 굳이 따지자면 결혼생활을 깰 만한 이유 같은 건 없다. 단지 부부 사이에 사막과도 같은 침묵이 자리하고, 오아시스 같은 아이를 가질 꿈조차 꾸지 못할 정도로 소통이 없을 뿐이다.
　일본 작가 가쿠다 미쓰요의 장편소설 『종이달』에 나오는 우메자와 리카의 모습이다. 주인공 리카는, 아내를 하나의 장식품으로 보고, 자신의 우월함을 끊임없이 드러내는 남편과의 사이에서 침묵으로 일관한다. '이게 뭐지?' 하는 의문은 서둘러 지우며 자신의 부족함을 탓한다. 결국, 차지도 뜨겁지도 않은 정체된 가정에서 벗어나기 위해 직장생활을 시작한다. 그녀가 선택한 직업은 고객의 집으로 찾아가는 은행 업무였다.

　은행에 있는 돈은, 사람으로 하여금 쉽사리 돈의 정체성을 착각하게 만든다. 많은 사람에게 돈이란 힘들게 벌어야 하는 것이지만, 은행에서의 돈은 단순히 숫자가 메겨진 종이에 불과하다. 마치 아이들 소꿉놀이에나 쓰일 것 같은 종이돈이 그녀 주변에 널려있다. 처음부터 돈에 손을 댄 것은 아니었다. 한 남자를 만나지 않았더라면 일어나지 않았을 일이다. 아니 그녀가 자신의 정체성을 확고하게 가졌더라면 남자를 만나는 일 따위로 달라지진 않았을 것이다. 살아오는 동안 충분히 사랑받고 있음을 느끼지 못했던 그녀가 연하의 남자로부터 지금까지와는 다른 대우를 받으면서 통속적인 이야기가 전개된다. 경제적으로 부족한 적이 없던 그녀는 '나중에 채워 넣으면 되지'하면서 자신의 지갑을 열듯이 남의 돈을 쓰기 시작한다.

　난 '달'이라는 글자에 거의 반사적으로 반응한다. 이 책을 본 날도 그랬다. 시민대학 1층 로비에 있는 작은 도서관에서 지인을 기다리며 습관처럼 책장을 기웃거릴 때였다. 저마다의 이름표를 달고 나란히 서 있는 책들을 훑어보다가 『종이달』이란 제목을 보았다. 단박에 주위가 조용해지면서 머릿속에 노란 달이 떠올랐다. 이유는 모르지만 내게 '달'은 노란색이다. 실제로 노란색 달을 본 적은 없지만 '달'이란 단어만 발견하면 까만 하늘에 노란 달이 뜬 모습이 자동으로 그려지곤 한다.

책을 꺼내 보니 평소에 내가 좋아하는 스타일은 아니다. 관리의 편의를 위해서인지, 잃어버린 건지 모르지만 마치 겉옷을 잃어버린 여행자처럼 껍데기 없는 책이 초라해 보인다. 언젠가 거리에서 보았던 버려진 마네킹처럼 아름답지도 섹시하지도 않은 알몸의 책이 쓸쓸해 보이기까지 했다. 뒷면에 쓰인 발행일이 2014년이니 눈만 뜨면 신간이 쏟아지는 요즘 현실에서 보면 제법 나잇살이 든 책이다.

책을 막 펼쳐 읽는데 점심식사를 같이하기로 약속했던 지인이 눈앞에서 손을 흔든다. 프롤로그조차 제대로 읽지 못한 책을 마지못해 제자리에 꽂아놓고 지인과 밖으로 나왔다. 햇살 가득한 거리에서 어떤 음식을 먹을까 의논하면서도 머릿속에선 『종이달』이 아니, 노란 달이 떠나질 않는다. 어떤 내용일까?

지인과 오후 수업까지 마치고 서둘러 『종이달』을 향해 달려갔다. 책을 펼쳤지만, 낮과 밤이 교대하는 어정쩡한 시간이라 그런지 글씨가 제대로 보이지 않는다. 빌려가고 싶어 두리번거리며 누군가 나타나길 기다렸지만, 아무도 나타나지 않았다. 잠시 망설이다가 저녁에 부지런히 읽고 내일 제 자리에 갖다 놓을 생각으로 책을 가방에 넣었다. 단순히 읽고 싶다는 욕심과 주변에 아무도 없어 빌릴 수단을 찾지 못해 몰래 집어온 책이 어째 점점 무거워진다. 문득 오래전에 몇 번이나 책을 훔쳤던 기억이 떠올랐다. 책을 읽고 싶은데 책 살 돈은 없던 때였다.

지금이야 어림도 없고 큰일 날 소리지만 예전에는 책 도둑은 도둑이 아니란 말이 있었다. 너나없이 가난하던 시절에 배우고자 하는 학생이 책을 훔치는 행위는 너그럽게 이해받기도 했다. 내가 성장한 시기는 사회적으로 가난을 물리치는 것이 지상과제일 만큼 대다수가 가난했다. 나 역시 잘 살아남았구나 싶을 정도로 먹고사는 일이 녹록하지 않았다. 일찌감치 가난을 벗어나기 위해 이른 새벽부터 늦은 밤까지 돈을 벌기 위해 일했다. 쉬지 않고 벌었지만, 그것은 가족의 것이었지 내 것이 아니었다. 친구들처럼 배우고 싶었지만 그러지 못하는 환경이 책에 더 빠지게 했다.

쉬는 날마다 도서관이나 서점에서 살다시피 하면서 욕구를 채웠다. 때로는 공공장소에 비치된 책을 읽다가 다 읽지 못하면 슬쩍 가방에 집어넣기도 했다. 물론 읽고 난 뒤에 다시 제자리에 갖다 놓기는 했지만, 말없이 집어온 행위 자체는 분명 도둑질이었다. 그럴 때면 당시 유행하던 '책 도둑은 도둑이 아니다'란 말로 스스로를 변명했다. 근 몇 십 년 만에, 도둑질을 했다.

습관적으로 한 행동이다. 아주 오래 잊고 있던 습관이 망설이지도 않고 다시 살아난 것이다. 어쩌면 그건 내 머릿속에 새겨진 책 도둑에 대한 잘못된 관념 탓인지도 모른다. 어쨌거나 일은 저지른 상태이니 훔쳐 온 책의 무게가 얼마나 되든 일단 읽기 시작했다.

리카의 감정에 몰입해서 고개를 끄덕이다가 흔들기도 하면서 책에 빠져들었다. 그녀가 사랑받고 싶어 했던 행동들이 어쩐지 나와 많이 닮았다. 책을 읽으면서 옳고 그름에 대한 기준을 어디에 두어야 할지 문득 궁금해졌다. 리카가 한 행위는 분명한 범죄이지만 그녀를 미워할 수 없는 나는 어떤 사람인가? 다시 갖다 놓으면 된다고 쉽게 생각하고 책을 훔쳤다. 만약 도로 갖다놓지 않는다면, 아니 설사 갖다 놓는다고 해도 내가 도둑인 건 피할 수 없는 사실이다. 맨 처음 두근거리는 마음으로 책을 훔쳐 읽던 때가 생각난다. 어쩌면 책 내용보다도 훔쳤다는 사실 때문에 책에 더 빠져든 것은 아닐까?

늘 배가 고팠다. 몸도 마음도 허기진 날이면 하늘 높이 떠 있는 달을 보았다. 때로는 '보름달빵'으로, 때로는 '바람떡'이 되어 온몸을 감싸주며 친구가 되어주던 달이다. 『종이달』을 덮으면서 피곤해진 눈을 달래며 리카와 나를 생각해 본다. 사소하게 여기고, 금방 도로 갖다 놓으면 된다는 자기기만이 깜깜한 하늘에 노란 달로 떠 있다. 난 내일 책을 제자리에 꽂아둘 것이다. 하지만 이미 저질러버린 책 도둑질은 어떻게 해야 할지, 언제나 떳떳하다고 생각했는데 무심코 저질러왔던 도둑질이 내 마음속으로 무겁게 내려앉고 있다.

길고
긴 밤

 한 여름, 밤새 비가 내리는 날이면 작은방에 떠돌던 퀴퀴하고 구린 냄새가 코끝을 스칩니다. 긴 세월 술로 지내던 당신은 결국 대소변도 못 가리는 환자로 자리에 눕고 말았습니다. 단칸방에 이부자리를 펴고 누워 그저 웃기만 하는 당신을 봅니다. 웃는 모습을 보고 싶어 퇴근할 때면 작은 과자 하나라도 들고 가곤 했습니다. 방에 들어서면 당신 눈은 내 손에 먼저 달려듭니다. 손에 든 먹을거리를 보며 아이처럼 해맑게 웃고는 했습니다.

 종잡을 수 없이 수시로 화만 내던 당신의 웃는 얼굴이 보기 좋았습니다. 때로는 진작 좀 웃어주지 싶어 가슴에 불길이 치솟을 때도 있었지만 말입니다. 이불을 들쳐 축축한 기저귀를 벗기고 새 기저귀를 채웁니다. 젖은 기저귀를 들고 부엌에 들어가니 낮에 내놓은 기저귀들이 커다란 대야에 담겨 기다리고 있네요. 하루 종일 환자 수발하느라 허리가 아프다는 어머니가 등 뒤에서 소리를 지릅니다. '네 아버지니 네가 책임져.' 문득 모든 것을 버리고 떠나고만 싶은 순간입니다.

마침내 여름이 끝나고 가을이 시작될 무렵 당신과의 인연은 끝났습니다. 이십사 년의 만남이 어찌나 길고 질기던지 그 후로도 오래 길을 잃고 헤맸습니다. 당신과의 마지막 순간이 홀가분할 정도로 우리는 악연이었지요. 어쩌면 당신은 아니라고 할지 모르지만 저는 그렇게 느꼈답니다. 맨 처음 만남은 기억나지 않지만 당신만큼 내게 영향을 준 사람도 없습니다. 하긴 어느 것 하나 당신에게서 오지 않은 게 있기나 한지요. 내가 살아 숨 쉬고, 움직이고, 울고, 웃는 모든 행동들이 당신으로 인해 시작된 것이니까요.

생각이란 걸 하게 되면서 내가 처한 상황이 주변과 다르다는 것을 알게 되었습니다. 묘하게 비틀린 세상을 만나고 그 시작점이 당신이라 여기면서 우리 사이는 삐걱거리기 시작했습니다. 아니, 어쩌면 그것도 저만의 착각인지 모르겠습니다. 너무 어린 탓에 두려워만 하고 질문조차 하지 못하고 그저 어림짐작으로 당신 뜻을 헤아렸을 뿐이니까요. 지금의 나라면 달갑지는 않아도 이해하려고 애쓰면서 조금은 따뜻하게 대했을지도 모르겠습니다. 하지만 어리기만 했던 나는 당신의 사랑이 성에 차지 않아 가시를 잔뜩 세운 고슴도치처럼 지냈습니다.

새삼스레 당신의 세상은 어땠을지 궁금해집니다. 짐작하지도 못할 시대에 태어나 일본의 식민지 시절을 겪고 동족상잔의 비극을 지나며 어떻게 살았는지요? 그 시대에 일본에서 대학을 다녔다는 당신이 술이 취해 소리치던 '빠가야로' 소리가 아직도 들리곤 합니다. 욕이라고만 생각했던 그 말이 바보라는 뜻임을 안 순간 조금은 안쓰러웠습니다. 내가 집을 떠나고 싶은 곳으로 기억하듯 어쩌면 당신도 떠나고 싶은 자신을 다잡기 위해 술에 취해 산 것은 아닌지 짐작해 봅니다.

만남도 헤어짐도 내 뜻은 아니었지만 그래도 당신의 딸로 산 시간이 아주 헛되지는 않았습니다. 당신으로 인해 세상의 어두운 그림자를 보았고 벗어나기 위해 노력하면서 지금의 나를 만들었습니다. 인정하기 싫지만 당신은 내가 생각하고 결정하는 모든 것에 영향을 줍니다. 언제나 나를 지탱하는 것은 그 아버지에 그 자식이라는 말을 듣지 않는 일이었습니다. 너무 힘들어 다 포기하고 싶을 때면 당신을 떠올리며 더욱 힘을 내곤 했습니다.

어쩌면 지금까지의 우리 인연은 전생에 지은 죄를 갚기 위한 업보인지도 모릅니다. 진실로 전생이 있어 현재의 삶이 속죄의 길이었다면, 다음 생에서 우리는 어떤 모습으로 만나게 될까요?

부모 자식으로 만나 한 시절을 공유했으니 언젠가 또 그런 상황이 될지도 모른다는 생각이 듭니다. 하지만 할 수 있다면 우리 다시 만나지 않았으면 합니다. 아니, 당신의 윤회가 끝나고 평화 속에 영원히 잠들면 좋겠습니다.

모두 잠들고 빗소리만 가득한 밤, 창가에 앉아 커피를 마시며 오래 전 그 밤의 냄새를 지웁니다. 마음 둘 곳 없어 외롭고 슬프던 어린 나를 가만히 들여다봅니다. 영원히 끝나지 않을 것만 같던 그 밤들은 이제 옛일이 되었는데 왜 이리 스산한지 모르겠습니다. 내리는 빗방울을 핑계 삼아 괜스레 울컥해지는 나를 다독입니다. 다 끝난 일이라고 속삭이며 커피를 마십니다.

빨간 스웨터

 아침에 뭘 입을까 고민하다가 옷장 안에 햇빛 한 번 보지 못한 빨간 스웨터를 보았다. 이 년 전, 딸의 생일을 축하하기 위해 백화점에서 구입한 옷이다. 딸이 좋아하는 모습을 상상하며 제법 비싼 가격을 치렀지만 너무 점잖아 보인다는 말과 함께 거절당한 옷이다. 교환하려다가 왠지 마음에 들어 내가 입으려고 옷장에 걸어두었다.
 평생이라고 해도 될 만큼 일을 했다. 배움이 짧아 주로 몸을 쓰는 일이었다. 흔히 말하는 3D업종이 대부분이었다. 일의 특성상 주로 어두운 색깔의 옷을 입었지만 솔직히 말하면 나는 밝은 색 옷을 좋아한다. 빨간색이나 파란색, 때로는 오렌지색과 보라색, 그린색 등에 자주 시선이 간다. 일을 그만둔 요즘은 마음에

드는 옷을 발견하면 충동적으로 사기도 한다. 물론 마음에 든다는 것은 단순히 예쁜 색깔일 경우가 많다. 하지만 그렇게 구입한 옷들을 제대로 입은 적은 없다. 평소 입던 것과 맞춰 입기 힘들거나 너무 튀는 색이라 모셔 두기만 하는 것이다.

제일 좋아하는 색은 보라색이지만 다른 사람에게 표현한 적은 없다. 비단 옷에 관해서만 아니다. 난 원하는 것을 말하지 않는 데 익숙하다. 맛있는 것이 먹고 싶으면 그걸 사서 부모님과 동생에게 주곤 했다. 먹고 싶어 샀지만 내 입에 넣지 못하고 그들이 먹는 것을 바라보기만 한 적도 있다. 마찬가지로 예쁜 옷이 입고 싶으면 엄마 옷을 샀다. 엄마와 내 것까지 같이 살 능력은 안 되고 내 것만 사면 입지도 못하고 두고두고 잔소리 듣는 경우가 많으니까 미리 포기한 것이다.

공장 친구들이 한창 예쁘게 꾸미고 다닐 때 나도 어울린 적이 있었다. 그날부터 아버지는 나를 화냥년이라고 불렀다. 정확한 뜻은 몰랐지만 말할 때의 표정으로 결코 좋은 의미가 아니라는 건 알 수 있었다. 오래도록 영문도 모르고 화냥년 소리를 들었다. 그 말을 하던 아버지 모습은 지금까지도 내게 깊이 각인되어 있다. 뜻도 모르는 말을 들으면서 어린 내가 할 수 있는 것은 책 속으로 도망가는 것뿐이었다. 책에 파묻혀 다른 세상을 꿈꾸며 지냈다.

알지 못할 부끄러움 때문에 누구에게도 묻지 못했던 화냥년의 뜻을 성인이 되어 알게 되었다. 사전에서 화냥년이란 서방질을 하는 여자나 창녀를 일컫는 말이라고 표기되어 있는 것을 본 것이다. 순간 내가 왜 화냥년 소리를 들어야 했는지 억울하고 화가 났다. 할 수 있다면 아버지에게 따지고 싶었다. 그런 말을 딸에게 해서는 안 된다고 말하고 싶지만 아버지는 이미 오래전에 떠났다.

특별한 부모를 만난 덕분에 일찍부터 참고 사는 일에는 선수가 되었다. 세상살이에 분하고 억울한 일을 당하면 머릿속에서 속삭임이 들려온다. '내 부모보다는 나은 사람이잖아.', '그래도 그때보다 지금은 괜찮잖아.' 하는 소리가 들리는 것이다.

아주 오래전에 끝난 일임에도 불구하고 난 아직 자유롭지 못하다. 아버지의 말이 옳지 않았다는 것을 알지만 화냥년이란 말이 여전히 내 안에 살고 있다. 어쩌면 죽을 때까지 그 말과 함께 살지도 모른다. 빨간 스웨터를 보면서 날카로운 가시처럼 가슴에 박혀 있던 기억들을 털어내며 옷장 문을 닫았다. 따듯한 봄이 오면 얼음이 녹아 물이 되듯이 내 안에 있는 가시들도 언젠가는 삭아 없어지길 바란다. 옷장 안에서 잠자는 빨간 스웨터를 입는 날이 빨리 왔으면 좋겠다.

취중진담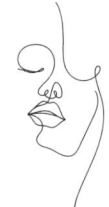

　실수였단다. 한바탕 회오리바람을 일으킨 동생이 사과를 한다. 동생 말대로 단순히 술에 취해 실수한 것이라면 좋겠다. 하지만 난 그게 실수가 아니란 걸 알고 있다. 동생의 한 마디가 나의 현재 모습을 적나라하게 보여준다. 덕분에 평소 나에게 요구만 하는 사람들의 태도를 이해할 수 있게 되었다.

　어려서부터 아들이라고 떠받들리는데 익숙한 동생이다. 조금만 힘들어도 견디지 못한다. 좋은 건 당연히 제 몫이고 불편한 건 전부 남의 탓이다. 중년의 나이를 훌쩍 넘긴 지금까지도 저를 돌봐달라고 떼쓴다. 저보다 겨우 세 살 많은 누나에게 요구하는 걸 당연하게 생각한다.

　동생은 엄마의 지나친 아들 사랑에 온전하게 한 사람 몫을 할 기회를 갖지 못했다. 어떻게든 한 사람 몫을 하게끔 도와주려 했지만 엄마라는 장벽이 너무 완고해 성공하지 못했다. 이런저런 방법으로 동생을 타일러가며 노력해 봤지만 엄마 치마폭 안에서 지내는 편안함을 떨쳐낼 만큼 매력적이지 못했음이 분명하다. 이제와 돌이켜보면 엄마는, 아들을 너무 사랑해서, 딸은 사랑하지 않아서 두 자식 모두에게 상처를 남긴 셈이다.

어린 내 눈으로 보기에도 동생의 앞날이 걱정될 정도로 엄마는 아들을 떠받들었다. 나름 애는 썼지만 결국 동생은 엄마 치마폭에서 술중독자의 길로 들어섰다. 그런 동생이 얼마 전 사업을 하겠다며 제법 큰돈을 해달라고 했다. 내가 보기엔 도무지 답이 안 보이는 일이라 거절했다. 나도 놀면서 병원 치료하느라고 힘들다며 거절했더니 아무 말 없이 갔다가 다음날 저녁 무렵 술에 취해 찾아와 소리를 지른다.

"누나가 나한테 어떻게 그럴 수 있어? 피 한 방울 안 섞인 애들은 데려다 키우면서 나는 왜 안 돌봐 주는데?"

그 말을 듣는 순간 깨달았다. 내가 말없이 인내하며 지냈던 날들이 누군가에겐 만만한 밥이었다는 사실을....... 그거였다. 아무리 노력해도 만족하지 않고 당연한 듯 요구만 하던 가족들의 태도는 쟨 그래도 괜찮다는 것이었다. 쟨 속이 없어서 남의 자식도 키우는데 이 정도 요구하는 건 아무것도 아니지.

사람들에게 그런 생각을 하게 한 것은 바로 나 자신이었다. 아무 말 없이 하다 보면 언젠가는 마음을 알아주리라 여겼는데 그게 실수였다. 말을 했어야만 했다. '지금 힘들어.', '나 좀 도와줄래?', '위로가 필요해.', '힘이 되어주면 좋겠다.', 등등 그때마다 말을 했어야만 했다는 걸 이제야 알게 되었다. 난 그날 동생에게 말했다.

"이제 그만하자. 다시는 내게 어떤 요구도 하지 마. 따듯한 밥이 먹고 싶고, 가족의 정이 그리우면 와도 돼. 하지만 그게 다야. 난 네 엄마가 아니야."

입 벌리고 멍하니 있는 동생을 뒤로 하고 문을 닫았다. 그제야 머리가 맑아지면서 숨통이 트이는 것 같았다.

요즘 나는 거절하는 법을 연습하고 있다. 힘에 부치는 일을 요구하는 사람들에게 그건 할 수 없다고 말한다. 남이 나를 사랑해 주길 바라기 전에 내가 나 자신을 사랑하는 법을 배우는 중이다. 너무 늦게 시작해 서툴지만 이제라도 할 수 있어 다행이다.

3부

천사의 그림자

천사의 그림자는

노력하지 않아도 절로 천사가 된다. 단지 옆에 서서

웃기만 하면 된다.

종자돈 삼천 원

대전 시민대학에서 하는 강좌를 듣고 집에 오는 길에 슈퍼마켓에 들렀다. 음료수와 간식을 사고 나니 삼천 원이 남았다. 지금 이 돈으로 할 수 있는 일은 무엇일까? 커피 한 잔을 마시거나 슈퍼마켓에서 빵과 우유를 사서 허기를 달랠 수 있겠다. 콩나물 한 봉지와 두부 한 모를 사서 저녁 반찬을 맛있게 만들 수도 있을 것이다. 아니면 더위를 피해 버스나 지하철을 타고 한 바퀴 돌 수도 있다.

아무것도 못할 정도는 아니지만 무언가 시도하기엔 턱없이 부족한 삼천 원이 삼십여 년 전에는 다른 가치를 지니고 있었다. 친구를 만나 자장면을 먹을 수 있었고 남대문 시장에 가서 순대와 소주 한 잔을 마실 수도 있었다. 때로는 명동성당 근처 성 바오로 서원에 가서 책 한 권을 사기도 하고 여의도 광장에서 자전거를 빌려 타기도 했다. 그렇게 삼천 원은 다양하게 쓰였지만 무엇보다도 큰 의미는 그것이 우리 결혼의 종자돈이 되었기 때문이다.

젊은 시절 시각장애인 시설에서 생활한 적이 있다. 그 곳에서 내가 한 일은 식사준비를 하거나 여성 장애인의 신변처리를 돕는 일이었다. 순전히 자원 봉사자들에 의해 운영되는 단체라 용돈이라는 명목으로 한 달에 삼천 원을 받았다. 그곳에 가기 전에 마지막으로 받던 월급이 십오만 원 정도 되었으니 거기에 비하면 터무니없이 작은 돈이지만 많은 가치를 알게 한 삼천 원이다.

난 그때까지 시각장애인을 가까이에서 본 적이 없고 봉사라는 개념도 없었다. 먹고 살기 바빠서 알지도 못하는 타인을 이해타산 없이 도와준다는 것은 생각도 못했다. 어떻게든 남을 이겨야만 하고 이득이 생기는 일이 아니면 모른 척하는 게 당연한 세상이다. 그런 세상에서 마치 천국이라도 되는 것처럼 장애인, 비장애인 가리지 않고 사심 없이 도와주는 모습은 낯설고 신기하기만 했다. 옹기종기 모여서 서로의 손발이 되어주던 그들은 지금까지 잊히지 않는 소중한 추억이다.

그곳에서 남편을 만나 결혼을 했다. 오랜 기간 봉사자로 있던 남편과 삼천 원짜리 묵주반지 두 개를 사서 신부님 앞에서 혼인 서약을 한 것이다. 가진 것 하나 없는 가난한 남녀가 전 재산 삼천 원을 털어 결혼하면서 약속했다. 좀 더 나은 세상을 위해 아이들과 장애인들을 위해 살자고, 지금 같으면 쉽게 하지 못할 약속을 한 것이다. 그리고 그 약속은 가정을 이룬 이후 오랫동안 우리 부부에게 공동의 목표가 되었다. 그리고 혼자였으면 하지 않았을 많은 일들을 하게 했다.

삼천 원의 시작이 세 아이들의 가정이 되고 출발점이 되었으며 어려움에 처한 이들에게 휴식처가 되기도 했다. 길고양이의 사료도 사고 많은 길 잃은 유기동물들이 필요한 만큼 머무는 울타리가 되어 주기도 했다. 삼천 원의 밑천으로 시작한 결혼 생활에서 많은 가지가 뻗어 나간 것이다. 가끔은 앞이 안 보일 정도로 비바람이 불어 닥칠 때가 있다. 하지만 언제나 그렇듯 비바람 한 가운데서도 기적은 일어나고 있다. 하루가 서서히 밝아오고 있다. 오늘은 어떤 일이 일어나고 무엇을 보게 될 것인지 궁금하다. 삼천 원의 종자돈은 여전히 힘을 주고 있다.

- 대전가톨릭문학회 『모두를 꽃 피우려고』, 2019년 11월

그녀를 만나다

 모든 것이 귀찮은 날이다. 아침부터 그냥 어디론가 훌쩍 떠나고 싶은 마음만 드는 날, 고질인 우울증이 고개를 내민 것이다. 애써 밝게 생활하려고 더 자주 웃지만 여전히 우울증은 나를 떠나지 않는다.

 망설임 끝에 그래도 힘을 모아 대전시민대학에서 하는 글쓰기 수업에 참석했다. 오전 수업을 마치고 점심을 같이 하자는 권유도 거절하고 정처 없이 발걸음을 옮긴다. 어디로 가야하나 집에는 아직 가기 싫은데, 예전 같으면 이런 날 책방이라도 가련만 이제는 눈에 문제가 생겨 책도 마음대로 못 보니 가봐야 마음만 불편하다. 하릴없이 배회하며 노점에서 파는 과일도 한 번 쳐다보고 쇼윈도의 옷도 구경하면서 텅 빈 머리로 걸었다. 한참을 돌아다니다가 문득 정신을 차리니 내 몸이 책방에 들어와 있는 것을 본다. 넋이 나가 걷는 동안 두 발은 나를 책방으로 이끌었던 것이다. 이왕에 온 것 구경이라도 하지 싶어 한 바퀴 돌기로 하고 서서히 책들의 세계로 들어갔다.

　오랜만에 맡는 책 냄새에 흠뻑 취해서 이것도 보고 저것도 만지다가 한 권의 책에 눈이 멈춘다. 『익숙한 길의 왼 쪽』, 황선미 산문집, 손에 들고 아무 곳이나 펼쳐 읽기 시작했다. 소제목 「찬란한 다리」라는 작품은 "나에게는 치마가 없다. 단 하나도"라는 문장으로 시작한다. '어, 나도 치마 없는데 뭐지?' 그걸 가지고 어떻게 글을 썼을지 궁금해서 주저앉아 읽기 시작했다. 읽어 보니 나의 예상대로 다리가 굵어 창피해서 치마가 없다는 내용이다. 학창 시절 육상을 해서 다리가 굵어졌다는 작가. 내 경우엔 항상 서서 하는 일을 하다가 남은 부산물이니 결과는 같아도 원인은 다르다는 것에 웃음이 나왔다. '여자라면 다 그렇구나'라는 생각을 하면서 책장을 넘겨본다.

　〈그러다 그 애를 보게 됐다. 양손으로 목발을 짚고 걷던 여자애...... 허벅지 절반에서 찰랑거리는 스커트 아래 그 빈자리가 믿어지지 않아 나는 시선을 돌리지 못했다. 어지러웠다. 아니 그 광경이 너무 찬란해서 눈이 부셨다.

하나뿐인 다리를 환하게 드러내고 햇빛 속으로 웃으며 나오기까지 저 애는 어떤 시간을 견뎌냈을까. 옆에서 나란히 걸어주는 저 친구들은 도대체 어떤 사람들일까.

참 아름답다! 산다는 게 뭔지 잘 몰라도 살아 있음이 경이롭다는 것을 처음 느낀 날이었다.〉

무심코 집어든 책에서 고약한 질문이 하나 남았다. 왜 나는 살아 있음의 경이로움을 못 느끼고 있을까. 왜 만사를 비관적이고 아픈 마음으로 보게 되었을까. 단순히 치마가 없다는 것에서 시작한 작가의 말은 나의 호기심을 넘어서 내면 깊숙이 내려가게 한다. 그리고 내 자신을 똑바로 보라고 말한다.

지금 나의 현실은 말 그대로 앞날이 불투명하다. 언제 실명할지 모르는 상태에 수입이 없는데도 병원비와 생활비로 꽤 큰 지출을 하고 있다. 몸이 나빠지면서 오랫동안 하던 구멍가게를 폐업했다. 폐업하기 전에 남편이 못미더워 최소 이삼 년은 버틸 만한 금액을 준비했다. 짐작했던 대로 남편은 지금까지 한 번도 내게 묻지 않는다. 매달 생활비로 지출은 얼마나 하고 잔고는 얼마나 있는지에 대해서. 하긴 지난 결혼 생활 내내 그래온 사람이 새삼 달라질 리 없겠지만 그래도 이번엔 좀 다를 줄 알았건만 그는 여전히 무심하다.

그것일까? 내가 우울한 이유가. 믿고 의지할 사람이 없다는 것이 나를 힘들게 하는지도 모르겠다. 우리는 사랑해서 결혼했지만 그는 내게 울타리가 되어 주지 못하고 있다. 마치 두 다리로 서 있는 사람들 속에 한쪽 다리가 없는 소녀처럼, 나 역시 외발로 이 세상을 걷고 있다는 생각이 든다. 때로는 그가 나의 한쪽 다리가 되고 목발이 되기를 바라지만 그는 나 홀로 걸어가라 내버려둔다. 옆에서 나란히 걸어주기라도 하면 좋으련만, 그는 다시없을 선한 사람이지만 그 선함이 나를 떠나지도 머물지도 못하는 어정쩡한 상태로 만들고 있다. 이런 처지에 있는 내가 싫다.

그런 내게 『익숙한 길의 왼쪽』은 다른 곳을 보게 한다. 지금 내가 처한 상황이 어둡고 암담한 현실인 것은 분명하다. 그러나 다른 쪽으로 생각하면 병이 들었기에 글을 쓸 수 있는 시간 여유를 가지게 되었다. 글을 좀 더 잘 써보고 싶어서 글쓰기 반에 왔다가 좋은 사람들도 많이 알게 되고 다시금 사람들을 향해 스스럼없이 웃고 떠들 수도 있게 되었다. 또한 혼자서 쌓아온 지식들이 얼마나 얕은지도 알게 되었다. 그래서 호기심을 갖고 하나라도 더 알고자 하는 마음에 하루가 분주하다. 수시로 우울해지기 쉬운 내게 얼마나 다행한 일인지 모른다. 무엇보다 중요한 것은 내가 꿈을 꾸고, 꿈을 실현하기 위해서 무엇을 어떻게 해야 하는지 고민하기 시작했다는 것이다. 생활에 치여 차마 꿈꿀 생각조차 하지 않았던 내가 지금 스스로 하고 싶은 일과 행복해지는 길에 대해서 생각하고 실천에 옮기는 것을 망설이지 않게 되었다.

비록 한쪽 다리가 없지만 그래도 그 찬란한 햇빛과 경이로운 세상을 맛보고 싶다. 그것을 탐한다고 해서 죄가 아니라고 믿고 싶다. 내 안의 모든 어둡고 아픈 기억들을 예쁘고 고운 기억들로 바꿔치기하고 싶다. 어린 소녀가 한쪽 다리를 잃고 어떤 시간을 보냈는지 알지 못하지만 결코 쉽지는 않았을 것이다. 남은 한쪽 다리에 예쁜 양말을 신고 친구들과 거리로 나온 그 용기를 좀 빌려야겠다. 난 아직 거리로 나가지 못하지만 조만간 목발을 짚고 서라도 친구들과 거리를 활보할 것이다. 언제나 그래왔듯이 난 쉽게 포기하지 않는 사람이니까. 이 길 끝에 무엇이 있을지 모르지만 기쁜 마음으로 걸어갈 것이다.

황선미 작가, 햇빛 속에서 웃는 아이, 그리고 내 안의 나, 그녀들을 만나서 참 기쁜 날이다.

— 테마가 있는 에세이, 『우체국 앞에서』, 2019년 12월

그 밤을 다시 만난다면

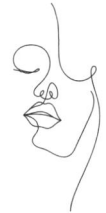

　이른 새벽 휴대폰이 빛난다. 외면할까 하다 들여다보니 언제 오냐는 문자다. 한참 동안 가지 않을 핑계를 궁리해 보지만 이미 결정한 일이다. 마지못해 자판에 손을 올린다. '내일 가는 걸로 비행기 표 끊었어요. 일단 서울에 도착하면 은빛이 좀 돌봐주고 갈게요.' '알았어, 빨리 와.' '나중에 봐요.' 휴대폰을 닫는데 나도 모르게 한숨이 나온다. 필리핀에 온 지 육 개월하고 일주일이다. 며칠 전 비자가 만료되어 여행사에 아이디카드까지 만들어 달라고 맡겼는데 큰 비용은 아니지만 손해를 보게 되었다.
　십칠 년간 작은 슈퍼마켓을 운영하면서 잠시도 쉴 틈이 없었다. 아침 일찍 가게 문을 열고 저녁에야 남편과 교대해서 집에 가면 또 다른 일들이 기다리고 있었다. 종일 물건 정리와 재고

파악, 영업 사원과 손님 상대, 주문과 결제, 집안일까지 오롯이 내 몫이었다. 몸이 열 개라도 부족할 정도로 아침부터 밤까지 종 종거리며 안간힘 쓰던 날들이었다.

어느 날부턴가 혈압이 시소를 타고 머릿속에서 찌릿찌릿 전기가 흐르는 것처럼 신호를 보낸다. 차차로 몸이 말을 듣지 않는다. 과자 박스 하나 제대로 들지 못하고, 걸어서 십분 거리인 집까지 가는 게 힘들다. 두 번이나 응급실에 가는 상황이 벌어졌지만 쉬고 싶다는 말은 받아들여지지 않고 가게를 그만두자는 말은 더더구나 통하지 않았다. 가게를 그만두면 뭘 먹고 살 것이며, 자기는 이 일 아니면 할 일이 없다는 게 이유였다. 그럼 사람을 써서 혼자 하라고 해도 못한다며 고개를 흔드는 남편이다. 남편이나 어머니는 워낙 건강체질이라 그런지 약한 사람을 이해하지 못한다.

머릿속에서 스파크가 빈도를 높이고 일상생활이 점점 힘들어지기 시작했다. 병원에서는 이상 없다고 하는데 어째야 좋을지 알 수 없었다. 견디다 못해 필리핀에 있는 아들한테 가서 몸 좀 추스르겠다고 말을 꺼냈다. 집에서 쉬거나, 딸한테 가서 쉬면 되는데 왜 필리핀까지 가냐고 반대를 한다. 집에서는 내가 쉴 수 없으니 아들이 어떻게 지내는지도 볼 겸 다녀오겠다고 했다. 마지못해 허락하는 남편에게 이번 기회에 혼자 해보라고 한 뒤

필리핀에 갈 준비를 했다.

필리핀으로 떠나기 전 딸집에서 이틀을 지냈다. 하루는 영화 보고 서울 거리를 돌아다니며 한가롭게, 남은 하루는 몇 년 동안 보지 못했던 스텔라 선생님을 만났다. 스텔라 선생님은 딸이 어릴 때부터 사춘기를 지내기까지 많은 도움을 주신 분이다. 처음 딸의 심리치료사로 만났다가 십여 년 이상 상담을 하면서 서로의 속 깊은 얘기까지 할 정도로 친해졌다. 딸과 셋이 점심 먹고 커피를 마시면서 필리핀에 가는 이유와 이 기회에 한국을 아주 떠나고 싶은 심정까지 이야기하게 되었다. 선생님이 딸을 향해 웃으면서 묻는다.

"엄마가 필리핀에 가서 오고 싶지 않다는데 넌 어떻게 생각하니?"

"난 엄마가 아빠랑 이혼한다고 해도 이해할 수 있어요. 엄마 보고 싶으면 내가 가면 되지요. 엄마가 이제부터라도 행복했으면 좋겠어요."

"말하지 않고, 안 그런 척해도 애들은 정확히 알지요? 우리 애들도 그랬어요. 그러니 이젠 어머니 건강 회복하고 스스로 행복해지는 일만 생각하세요."

갖가지 상념을 안고 떠난 한국이다. 필리핀에 있는 동안 하루도 빠지지 않고 남편에게서 문자가 왔다. '이건 어떻게 해야 돼? 그건 어디 있어? 언제 올 거야? 사랑해. 보고 싶어.' 그 사랑이 나를 힘들게 한다는걸 남편은 알고 있을까? 사랑한다는 말만으로 해결되지 않는 것이 있다는 걸, 남편의 사랑이 버겁다. 남편 하나로 인해 주어지는 일들이 너무 많다. 자식은 셋인데 시어머니, 남편까지 마치 아이 다섯을 키우는 느낌이다. 한국에 가고 싶지 않다.

필리핀에서 할 수 있는 일을 찾아보았다. 할 만한 일들이 꽤 있었다. 아들이 다니는 직장에는 여러 나라에서 온 직원들이 많은데 대부분 하숙을 한다. 그들을 대상으로 하숙을 하거나 한국 식품을 파는 마트, 반찬가게, 도시락 배달 등을 하는 것이 가능해 보였다. 아들 회사에 법률 팀이 있어 법적인 도움도 받을 수 있었다. 그도 아니면 손재주가 제법 있으니 옷이나 홈패션 제품을 만들어 팔아도 될 것 같았다. 적은 비용으로 사람을 쓸 수 있어 내 몸을 혹사하지 않고도 충분히 할 수 있다는 생각이 들었다. 문제는 말이 통하지 않는다는 것인데 그건 해결할 자신이 있었다. 현지에서 오래 사업을 해온 한인들을 만나 여러 가지 정보를 들었다. 필리핀이 한국의 육칠십 년대와 비슷한 상황이라 충분히 가능성이 있어 보였다.

딸에게서 전화가 왔다. 가슴에 혹이 있어 수술하기로 했다면서 위험한 수술은 아니라고 하지만 무섭다고 한다. 엄마가 갈 테니 걱정하지 말라고 위로하고 전화를 끊었다. 남편에게서 문자가 왔다. '나 이빨 빠졌어, 언제 올 거야?' 창밖으로 눈을 돌린다. 하늘의 별이 땅에 내려앉은 것처럼 하나둘씩 켜지는 필리핀의 밤이 아름답다. 한참을 바라보다가 일단 한국에 가서 딸을 도와주고 집에 가서 가게를 정리하기로 작정했다. 퇴근해서 들어오는 아들에게 한국에 다녀오겠다고 말했다.

"엄마, 처음 공항에서 나오는 엄마를 보고 깜짝 놀랐어요. 죽어가는 사람처럼 보여서요. 다행히 지금은 많이 좋아졌지만 엄마 나이도 있고 하니 이제 몸 좀 아껴가면서 사세요. 엄마 생각대로 여기서 일하는 게 좋을 것 같아요. 기다릴게요."
"그래, 가서 은빛이 몸조리 해주고 가게 정리한 뒤에 다시 올게."

인천공항에 내려 딸집으로 바로 갔다. 수술하는 걸 지켜보고 몸조리를 해주면서 한 달 정도 지내다가 대전에 도착했다. 집에 와서 마주친 광경은 어이가 없다는 말밖에 달리 할 말이 없었다. 불과 일곱 달 만에 집이며 가게까지 눈 뜨고 보기 힘들 정도로 엉망이다. 어디부터 손대야 할지 한숨만 나왔다.

돌아오자마자 어머니가 양쪽 눈 백내장 수술을 하셨다. 이어서 허리 디스크 수술, 양 무릎 수술, 그로 인한 요양병원 입원과 퇴원을 반복하면서 다시 가려고 했던 필리핀 행은 남의 일이 되고 말았다. 어머니 병원비와 남편 임플란트 비용을 충당하는 한편, 엉망이 된 가게를 매매할 수 있을 정도로 원상복귀 하느라고 전보다 더 바쁘게 움직여야 했다. 눈 깜짝할 사이에 삼 년이라는 시간이 지났다.

어느 날 갑자기 시야가 흐려지면서 글씨를 읽을 수 없었다. 조금 나아진 몸을 믿고 무리하다 눈에서 혈관이 터진 것이다. 동네 병원에 가니 대학병원으로 빨리 가라고 한다. 대학병원에서는 이미 시신경이 반이나 죽었다면서 살아있는 신경이 남은 신경을 죽이지 않게 해야 한다고 한다. 그날부터 남은 시력을 유지하는 치료를 시작했다. 병원을 내 집처럼 들락거리면서 일 년이면 서너 차례 주사를 맞는다. 낫기 위해서가 아니라 실명을 늦추기 위한 치료를 하면서, 가끔 한국에 다녀오기로 결심한 필리핀에서의 그 밤을 떠올린다.

수술하고 나서 밥을 제대로 못 먹던 딸이 생각난다. 어쩌면 어머니는 치료시기를 놓쳐 힘든 노년을 보내고 계실지도 모르겠다. 남편 역시 건강이 나빠졌을지 모른다고 생각하는 건 나의 지나친 오만일까, 어쩌면 그들은 내가 없어도 잘 해결해나갔을지도 모른다. 하지만 그렇지 않다면, 내 몸이 건강하고 그들이 힘들어한다면 내 마음은 편할까. 그동안의 나를 돌아보면 분명 그러지 못 할 것이다. 너무 늦지 않게 돌아와 그들에게 조금이나마 힘이 될 수 있어 다행이다. 그럼에도 그날 밤 필리핀의 야경을 보면서 돌아오기로 결정한 내가 바보 같이만 여겨지는 건 왜일까. 지금 그 밤을 다시 만난다면 나는 어떤 결정을 내리게 될까?

달달한 시금치

봄바람이 살랑거린다. 컴퓨터 앞에서 몸살 하는 몸을 풀어줄 겸 산책을 갔다 오는 길에 장에 들렸다. 집 근처에 시장이 있어 어디 가든지 돌아오는 길은 장을 보는 게 습관이다.

오늘따라 유난히 시금치가 눈에 띈다. 장에서 만난 포항초가 요즘은 어째서 나를 찾지 않느냐며 사뭇 달려들 기세로 이파리를 세운다. 게으름 피우느라 시금치나물을 한동안 멀리했다는 생각이 들어 한 단 사서 집으로 왔다. 냉장고에 넣으면 차일피일 미루다가 버리기 쉬우니 곧바로 손질에 들어간다. 몇십 년을 해도 며느리의 손놀림이 성에 차지 않아 혀를 차는 어머니가 떠오른다. 곁에 계실 때나, 계시지 않을 때나 쉬지 않고 따라다니는 눈길이다.

조그만 과도를 꺼내 분홍빛 뿌리 부분을 살살 긁어낸다. 도톰한 잎줄기를 손으로 떼어 젓가락으로 먹기 좋게 나누고 맑은 물에 흔들어 깨끗이 씻어낸다. 가스레인지에 불을 켜고 소금물로 데쳐내니 색감이 살아있어 보기 좋다. 찬물 세례를 준 다음 물기를 짜고 볼에 담았다.

시집살이 서러워 시금치도 먹기 싫다는 말을 떠올리며 공연히 뾰족해지는 심사를 잠재울 만큼 소금을 넣는다. 못미더운 며느리가 아니라, 없어서는 안 될 마늘 같은 며느리가 되고 싶어 알싸한 마늘을 다져넣는다. 남자는 하늘이라는 유행에 뒤떨어진 남의 편을 떠올리며 도마에 얹힌 파를 쫑쫑 썰어 바람에 날리듯이 흩뿌린다. 사시사철 가슴 깊이 자리하고 있는 사랑스런 아이들 닮은 통깨를 솔솔 뿌린다. 여자의 길에서 흘린 땀방울처럼, 인고의 시간이 깃든 참기름을 마지막으로 넣고 조물조물 무쳐 맛을 본다. 한겨울 매서운 바람을 이겨낸 시금치가 달달하다.

천사의 그림자

 처음 만난 날이 생각난다. 수수한 옷에 검정 고무신 차림이다. 쉬지 않고 돌아다니며 시각장애인들을 돌보는 걸 보면서 저런 사람도 있구나 싶었다. 몇 살이나 되는지 짐작이 가지 않는다. 이마에 있는 주름 밑에서 커다란 눈이 반짝인다. 만나자마자 반갑다고 인사하더니 식구들 아침 준비를 도와 달라고 한다. 얼결에 주방에 들어가서 스무 명 가량의 식사를 준비하기 시작했다. 집을 떠나기로 마음먹고 찾아 든 시각장애인 공동체에서의 첫날이다.
 며칠 지나지 않아 그의 나이가 서른 살이라는 걸 알게 되었다. 군대를 제대한 후 노숙자와 장애인 시설에서 계속 봉사활동을 했다고 한다. 젊은 사람이 무보수로 몇 년이나 봉사하다니 지

금까지 보지 못하던 부류의 사람이다. 내가 그때까지 알던 사람들은 이득이 없으면 관계도 없었다. 하긴 장애인조차 처음 본 내가 할 말은 아니지만 말이다. 난 그곳에서 특별한 경험을 했다. 시각장애인들의 숙식을 돕는 이타적인 사람들을 보면서 신세계를 만난 것이다. 이기적이고 계산적인 사람들과의 관계에 지친 나에게 그곳은 천국이나 다름없었다.

성당이라곤 한 번도 가보지 않았던 내가 장애인 안내를 위해 매일 새벽미사에 참례했다. 낯선 환경에서 특별한 사람들과의 새로운 일상이 나를 서서히 변화시켰다. 태어나서 처음으로 사심 없이 남을 돕는다는 게 어떤 건지 알게 되었다. 남편은 그곳에서 살아있는 성인 대접을 받았다. 세상에 저런 사람이 어디 있을까 하는 생각은 나만 한 것이 아니었다.

그런 사람이 어느 날 사랑한다면서 청혼을 했다. 싫지 않았다. 많은 사람들로부터 존경받는 사람의 청혼을 누가 싫다고 할 것인가. 뭔가 마음에 걸렸지만 성실하고 착한 그의 청혼을 거절할 이유는 찾지 못했다. 노총각의 사랑은 불꽃같이 타올라서 신부님까지 결혼을 하는 게 좋겠다는 권유를 할 정도였다. 결국 홀리듯이 성당에서 조촐하게 둘만의 결혼식을 했다.

남편과 나는 지극히 단순하고 소심한 사람에 속한다. 그럼에도 불구하고 오지랖은 바다보다도 넓다. 누구든지 도움을 부탁하면 내치지 못한다. 덕분에 결혼한 뒤에도 집에는 남의 식구가 항상 있었다. 때로는 잠깐, 때로는 몇 달, 몇 년씩 객식구들과 지내곤 했다. 일단 집에 손님이 들어오면 내 생각이나 처지 등은 생각하지 못한다. 아무리 힘들어도 상대방의 처지가 먼저 눈에 보이고 어떻게 하면 도와줄 수 있을지를 생각하게 된다. 나도 모르게 그렇게 된다. 덕분에 천사 부부라는 소리를 듣고 살았다.

천사부부라는 타이틀 안에서 내 역할은 천사의 보조쯤 된다. 남편은 결혼 전이나 결혼 후나 변함없이 천사 같은 사람이다. 누가 무슨 부탁을 하든지 거절하는 법이 없다. 처음엔 가볍게 시작했다. 잠시 일상이 힘들어진 친구들이 머물 곳을 정할 때까지 지내다 가곤 했다. 남편의 친구들이기에 월세를 살면서도 불편하다는 생각은 하지 않았다. 남편의 생각이 잘못이 아니고 신앙인이라면 당연하다고 생각했기에 도와주려고 노력했다. 살면서 대문을 잠근 적이 없다. 누구라도 들어와서 배고프면 먹고, 잘 곳이 없으면 원하는 만큼 머물러 갈 수 있게 했다.

첫 단추를 잘 꿰어야 마지막 단추가 들어 설 자리가 있다. 남편이 끼운 첫 단추는 점점 더 일반적인 삶과 거리가 멀어져갔다. 집에는 언제나 사람이 북적였다. 없는 형편에도 틈만 나면 장애인 공동체나 고아원을 찾아다녔다. 결혼을 하고나서 남편은 더욱 더 천사라는 말에 안성맞춤인 사람이 되어갔다.

첫 아이를 낳고 잠시 돌봐주던 심신 장애아 둘을 돌려보낼 수 없어 입양을 했다. 식구는 늘고 아이들이 자라면서 살림은 더 힘들어졌지만 남편의 일상은 변함없었다. 여전히 바깥으로 향하는 시선에 가족이 끼어들 틈은 없었다. 사람이라면 힘닿는 한 남을 도와야 한다는 그의 사고방식은 변하지 않았다. 어쩌면 그에게 가족은 거치적거리는 방해꾼에 불과한지도 모르겠다.

지상에서 천사와 사는 방법은 악마가 되거나 아니면 입 다물고 조용히 그림자로 살아야 한다. 난 악마가 되지는 못한다. 마음이 여려서 상대방을 다그치거나 내 뜻을 주장하지 못한다. 난 그림자 역할을 선택할 수밖에 없었다. 남편의 그림자 역할은 쉽지 않았다. 여유 없는 살림에 퍼주기만 하는 그를 말리지 못하는 나는 아이들과 살 궁리를 해야 했다. 눈만 뜨면 일하고 틈틈이 남편이 벌려 놓은 일 뒤치다꺼리를 하면서 세상 고민은 혼자 짊어져야 했다. 천사의 주변엔 도움이 필요한 사람들이 끊이질 않았다.

천사랑 사는 일은 피곤하다. 같이 하자니 내 코가 석 자고 말리자니 죄를 짓는 것처럼 불편하다. 그의 사고방식이 잘못된 것은 아닌데 단지 내가 힘드니 그만두라고 하기엔 묘하게 꺼림칙

하다. 결국 이러지도 저러지도 못하고 그의 그림자 노릇을 할 수 밖에 없다. 천사의 그림자는 노력하지 않아도 절로 천사가 된다. 단지 옆에 서서 웃기만 하면 된다. 결혼 전에 마음에 걸렸던 것이 무엇인지 이제야 조금 알 것 같다.

남편의 여자 친구

목욕탕이 소란하다. 아줌마들의 수다가 수증기를 타고 날아온다. 워낙 큰 소리로 떠드는지라 듣지 않으려 해도 피할 재간이 없다. 오늘 화제의 주인공은 혼자 사는 여자다. 목욕탕 단골손님들 사이에서 자주 입방아에 오르내리는 여자가 있다. 나이가 육십 중반인 한 여인이 오늘의 주인공이다. 그러고 보니 요 근래 그녀를 보지 못했다. 내가 매일 목욕탕에 가는 것이 아니라 시간이 어긋나서 못 보는 줄 알았는데 그게 아니었나 보다.

주워들은 말에 의하면 그녀는 혼자 사는 여자다. 장사를 오래 해서 재산도 제법 있고 자기보다 어린 남자를 애인으로 두었다고 한다. 물론 동네 목욕탕에 모이는 사람들 대부분이 서민이니 그들 중에서 재산이 있다 해도 그리 큰 부자는 아닐지도 모른다. 그녀는 매일 출근하다시피 목욕탕에 와서 역시 마찬가지로 출근하는 다른 이들에게 음료수를 사고 가끔 점심도 사주곤 한다. 나도 마주칠 때마다 인사한 공으로 음료수를 얻어먹은 적이 있다.

묘한 것은 그녀에 대한 사람들의 반응이다. 그녀가 있을 때는 어쩐지 모두 끌려가는 분위기다. 마치 어린 시절 동네 골목대장을 따르는 것처럼 그녀의 말이라면 무조건 동조를 한다. 하지만 그녀가 없을 때, 누군가 넌지시 그녀의 이야기를 꺼내면 이구동성으로 그녀의 독불장군 같은 태도를 흉보곤 한다.

오늘 수다의 골자는 그녀가 허리를 다쳐 수술하고 병원에 입원해 있다는 것이다. 생각보다 큰 부상이어서 재활 기간이 오래 걸린다는 말에 젊은 애인은 도망가고 신세가 딱하게 되었다며 혼자 살면 그게 문제라고 입을 모은다. 이어서 젊은 애인하고 폼 나게 다녀도 막상 아프면 돌봐줄 사람이 필요하니 결혼은 해야 한단다. 그 말의 뉘앙스가 어쩐지 그 여자의 처지를 안타까워하기보다 자기들은 혼자 살지 않아서 다행이라고 여기는 눈치였다.

한쪽에서 때를 밀며 들려오는 이야기를 듣다가 문득 내가 아는 또 다른 혼자 사는 여자가 생각났다. '학순'이 언니가 불현듯 떠오른 것이다. '학순'이 언니는 남편이 가락시장에서 장사할 때 만난, 나보다는 남편의 여자 친구이다. 나보다 세 살 위고 남편보다 두 살 아래인 '학순'이 언니는 나중에 직업을 바꿔 가죽 공예를 가르치는 강사가 되었다. 남편과 함께 가락시장에서 장사를 하지 않게 된 뒤에도 자주 집에 놀러오곤 했다. 아이들은 이모라고 부르며 잘 따르고, 언니는 혼자 사는 외로움을 달랠 겸 가족의 소란스러움이 그리울 때면 내려와 며칠씩 지내다 가곤 했다.

그렇게 놀러와 며칠 지낼 때마다 언니는 나중에 늙으면 같이 살자는 말을 했다. 나는 그러자고 대답하곤 했다. 당시 우리 부부는 교외에 텃밭이 넓은 집을 장만해서 도움이 필요한 사람들과 함께 살려고 계획하고 있었다. 그래서 함께 살자고 하는 언니의 말에 쉽게 대답할 수 있었다. 결과를 놓고 보면 전원주택의 꿈은 깨지고 모두 흘러간 물이 되고 말았지만 우리는 늙어가면서 함께 살 궁리를 한동안하고는 했다. 그렇게 언니랑 전화 통화도 자주 하고 오가기도 하며 지내다가 내가 일에 치이면서 시나브로 소식이 뜸해졌다.

그렇게 이삼 년 지났을까? 어느 날 언니에게서 전화가 왔다. 오랜만의 전화인데 안부인사도 생략하고 대뜸 하는 말이 전에 시골에서 산다고 했었는데 지금 어떻게 지내냐고 묻는다. 애석하게도 아직 집은 장만하지 못했다고 대답하면서 갑자기 왜 그러느냐 물었다. 언니는 '하던 일 정리하고, 정착하려고' 한다면서 우리 곁에 오고 싶은데 '어떻게 할까?' 하고 묻는다. 언제든지 오라고 말하고 통화를 끝냈다. 저녁에 남편에게 '학순'이 언니와의 통화를 전했다. 남편이 언니에게 전화를 했다.

"전원생활은 아니지만 가게 그만두면 시골로 이사 갈 생각은 변함없어. 그동안 아이들도 없고 빈방 있으니까 언제든지 내려와. 조만간 가게 그만두면 시골에 가서 살자." 그 말을 들은 언니는
"여기 일 정리되면 내려갈게. 당분간 여기저기 인사 좀 다니고……"

그렇게 그날의 대화는 끝났다. 그런데 어쩐 일인지 영 소식이 없다. 마음이 쓰여서 전화해도 받지 않았다. 달리 연락할 방법이 없어 기다리기로 했다. 간간이 전화 걸어도 여전히 통화가 안 된 상태로 해를 넘겼다. 그러던 어느 날, 마침내 언니에게서 전화가 왔다. 반가운 마음에 뭔 일 있었냐고 서둘러 물어보았다.

"희경아, 내가 치매란다. 너한테 가려고 정리를 하던 중에 자꾸 말이 어눌해지고 깜박깜박 잊는 게 많아져서 병원에 갔더니 치매라고 하네. 아직 초기이고 치료하면 괜찮다고 하지만 이런 상태로 가면 나중에 너 힘들까봐 안 가기로 했어."
"언니 혼자서 어떻게 지내려고, 그냥 내려와. 치료받으면서 지내면 괜찮아질 거야. 그리고 지금은 언니가 일손을 놓아서 그런지도 모르잖아. 내가 도와줄게. 우리 함께 지내자."
"괜찮아. 내가 너 어떻게 사는지 뻔히 아는데 그건 싫어. 우선 병원 치료하면서 이대로 지내다가 힘들어지면 요양원에 들어갈래. 지금 여기저기 알아보고 다니는 중이야. 걱정하지 말고 너나 건강 잘 챙겨. 나중에 다시 연락할게."

그 통화를 끝으로 전화번호마저 바꾸고 연락이 끊어지고 말았다. 처음 남편의 여자 친구로 만나 제법 긴 시간을 언니 동생 하면서 지냈다. 자존심 강하고 남에게 신세 지는 것을 싫어하는 언니였다. 그런 언니가 늙고 병들어 몸담을 곳을 찾지 못하는 걸 생각하면 안타깝다. 어쩌면 '학순'이 언니도 목욕탕에서 떠들던 아줌마들 말대로 결혼을 했어야만 하는 것일까? 한때 결혼을 생각했다가도 이런저런 이유로 결혼을 못 한 사람은 결국 의지할 곳 없이 떠돌아야만 하는 것일까?

추운 겨울이 오면 유독 독거노인이 고독사하는 뉴스가 많다. 그런 뉴스를 볼 때마다 '학순'이 언니 생각을 한다. 오늘은 목욕탕에서 아줌마들의 수다를 타고 '학순'이 언니가 건너왔다. 묵은 때를 벗겨내며 언니가 누군가의 따듯한 보살핌 속에서 잘 지내고 있기를 바란다.

마두금 소리

텔레비전에서 낙타가 눈물을 흘린다.

새끼에게 젖을 물리지 않던 어미가 마두금 연주를 들으면서 하염없이 울고 있다. 몽골에서 새끼를 거부하는 어미에게 젖을 물리게 하려고 '마두금'이라는 악기로 음악을 들려주는 장면이다. 두려움으로 잃어버린 모성애를 되살리기 위해 연주를 들려주는 중이라 한다. 어미가 새끼를 거부하고 젖을 주지 않는 이유는 출산의 고통이 죽을 만큼 힘들었기 때문이란다. 죽음과도 같은 고통을 준 새끼를 미워하던 어미가, 음악을 듣고 눈물을 흘리며 젖을 물리는 모습이 놀라웠다.

낙타의 눈물을 보면서 한 여인이 생각났다. 어쩌면 그녀도 아이를 낳기까지의 고통이 너무 심해 모성애를 잃어버린 것일까? 아이를 낳으면서 당신 인생이 막다른 곳에 몰렸다고 생각한 그녀는 원초적인 '미움'으로 아이를 대했다. 처음 만나는 순간부터 '미움'이라는 옷을 입히고 갈아입힐 생각조차 하지 않았다.

"꼴 보기 싫어 젖도 안 물렸는데 기어이 살아남더라."라는 말을 태연하게 하던 그녀도 상처받은 어미낙타였을까?

모성애는 자식에 대한 어미의 본능적이고 무조건적인 사랑을 말한다. 그렇다면 모성애는 언제부터, 어떻게 가지게 되는 걸까? 무릇 살아있는 생명체는 자손을 퍼뜨리고자 하는 본능이 있다 한다. 자신의 유전자가 이어지길 바라며 새끼를 낳는 과정에서 모성애가 자연스럽게 생긴다는 말을 들었다. 그렇다면 어미낙타가 자신을 고통스럽게 한 새끼를 미워하는 감정은 어디에서 오는 걸까? 난 모성애가 자연스럽게 생긴다는 말에 동의하지 않는다. 그건 내가 한 여인의 자식이었다가, 한 아이를 낳아 키우면서 경험한 일 때문이다.

나의 첫 기억은 '엄마' 하고 부르면 돌아보던 차디찬 얼굴이다. 어린 시절 내내 그녀의 얼음 같은 얼굴을 보고 자랐다. 그녀는 쉬지 않고 가시 돋친 말들을 쏟아냈다. 사랑받고 싶어 다가가면 뾰족한 말과 차가운 눈빛으로 나를 밀어내곤 했다. 아무리 노력해도 다가갈 수 없었다. 말간 얼굴로 다른 사람을 대하다가도 나를 볼 때면 낯빛부터 달라졌다. 미워하면서 사랑받기 위해 안간힘쓰던 어린 내가 있었다.

  분명 그녀의 인생이 꼬인 것은 나라는 존재 때문은 아니었다. 그럼에도 그녀는 모든 불행의 원인을 나에게 돌렸다. 근본을 알 수 없는 '미움' 앞에서 내가 할 수 있는 일은 없었다. 결코 집이 가난해서의 문제는 아니다. 가난해도 화목하고 사랑이 넘치는 가정은 많다. 세상살이에 부대껴 나달해진 몸과 마음을 잠시나마 내려놓는 쉼터, 바깥세상의 비바람에 맞서 싸우고, 다시금 나아갈 힘을 키우는 곳이 집이다. 그런 집에서 날마다 알 수 없는 비난을 받는 아이가 숨 쉴 곳은 어디일까? 엄마가 자식을 사랑한다는 당연한 전제가 당연한 일이 아닐 때 아이는 혼란스러울 수밖에 없다. 기본적인 사랑조차 받아 본 적이 없는데 사랑은 어떻게 하는 걸까, 그렇게 잘못 끼워진 첫 단추는 그녀가 세상을 떠난 후에도 오래도록 나를 힘들게 했다.

  결혼하고 아이를 임신하면서 불안해졌다. 엄마에게 거부당한 사람이 한 생명을 세상에 내놓고 사랑하는 일이 가능한지, 아이를 가지면 자연스럽게 모성애가 생긴다는데 그러지 않으면 어쩌나. 혹시라도 그녀처럼 아이를 미워하게 되면 어떻게 할지 두려웠다. 결혼한 사람에게 가장 기본적이고 자연스러운 일이 시작부터 나를 흔들었다. 우려했던 대로 임신기간 동안 저절로 모성애가 생기지는 않았다.

출산하고 아들을 처음 만난 날이 생각난다. 간호사의 품에 안긴 아들은 아주 작았다. 손대면 금방이라도 부서질 듯 조그만 아들이 엄청난 존재감으로 다가왔다. 사랑할 줄 모르는 엄마에게 온 아들이 안쓰럽고 함께 걸어가야 할 길이 까마득하게 여겨졌다. 도망가고 싶었다. 어린 시절의 나와, 한 생명을 사랑으로 키워야 한다는 책임감에서 멀어질 수 있다면 얼마나 좋을까.

안아주는 품이 어설픈지 아이가 울기 시작했다. 머릿속에서 수런거리던 생각들을 내려놓고 울고 있는 아이를 바라보는데 왈칵 눈물이 쏟아졌다. 선택의 여지없이 세상에 태어난 아이가 나로 인해 힘들까봐 불안했다. 다른 산모들이 그만 진정하라고 할 만큼 온몸으로 울면서 다짐했다. 아이가 나의 불안과 두려움, 메마른 가슴을 눈치 채지 못하게 가면을 쓰기로 한 것이다.

첫 시작을 가면을 써야 할 정도로 사랑할 줄 모르던 내가 아이에게서 사랑하는 법을 배웠다. 무조건적으로 나를 믿고 웃는 아이를 보면서 사랑을 알게 되었다. 나날이 몸집 키우는 아이가 배고프다고 우는 소리, 걸음마를 시작하면서 나를 향해 다가오던 소리, 보는 것마다 '이건 뭐야?'라고 묻던 소리. 어쩌면 아이가 내는 크고 작은 소리들이 나의 모성애를 끌어내기 위한 마두금 소리였는지도 모르겠다.

 맨 처음 아이를 안고 한없이 흘리던 눈물을 지나 자연스럽게 사랑하기까지 먼 길을 돌아왔다. 문득 이미 오래전에 세상을 떠난 그녀가 생각난다. 어쩌면 그녀도 마두금 연주를 들었더라면 달라졌을지 모른다. 안타깝게도 그녀는 내가 들었던 마두금 소리를 듣지 못한 게 분명하다. 어린아이가 까르륵 웃는 소리, 엄마 젖을 먹고 끄윽 트림하는 소리, 품에 안겨 배시시 웃으며 잠드는 아이의 옹알이가 그녀에게는 들리지 않은 게 틀림없지 싶다.

어떤 가족

 립스틱을 선물 받았다. 지인이 건네주는 립스틱을 보면서 조금은 낯선 기분이 든다. 물론 기쁘고 감사했지만, 화장을 하지 않는 나로서는 그 물건이 어쩐지 잘못 배달된 편지처럼 생뚱맞다. 첫사랑 연인에게서 온 건 줄 알고 기뻐하다가 내 것이 아닌 남의 것임을 알게 된 뒤의 느낌이랄까?

 반짝이는 금색의 테두리에 속이 환히 보이는 옷을 입었다. 투명한 립스틱 뚜껑을 열고 살짝 밀어 올리니 연한 팥 색깔, 아니 요즘 젊은이들이 말하는 인디안 핑크색이 단아한 몸을 드러낸다. 제일 먼저 눈에 들어오는 단면이 물방울 모양이라 마음에 든다. 립스틱이 이렇게 예쁘다는 걸 처음 알았다. 문득 색색으로 모아놓고 보기만 해도 좋겠다는 엉뚱한 생각을 해본다. 한참을 바라보았다. 스킨로션도 제대로 써본 적이 없는 내게 립스틱이라니 좀 엉뚱하지만 기분은 좋다. '조만간 립스틱을 사용해 볼까?' 하면서 다시 뚜껑을 덮었다. 눈에 잘 보이는 곳에 두고 돌아서다가 문득 전에도 립스틱을 선물 받은 적이 있다는 게 생각났다.

　삼십여 년 전 서울에서 살았을 때의 일이다. 큰아이를 낳고 얼마 되지 않아 허름한 빌라로 이사를 했다. 허름하긴 해도 방이 세 개나 되어 수시로 손님들이 드나들었다. 하루는 성당에서 알고 지내는 자매님 한 분이 부탁이 있다면서 집에 왔다. 내용인즉, 딸 둘을 데리고 재혼을 했는데 남편의 주사가 심해 딸들하고 불화가 잦다고 한다. 술만 마시면 애들보고 나가라고 소리를 지르니 아이들이 너무 힘들어한다는 것이다. 큰딸이 고등학교 3학년, 작은딸이 고2인데 잠시 떼어놓고 싶어도 방 얻을 돈이 없다 한다. 한두 달 떨어져 있으면 부녀간에 마음 정리가 될 것 같다며 그동안 아이들을 돌봐달라는 부탁이었다.

　그렇게 집에 들어온 두 아이와 일 년을 함께 살았다. 한참 예민한 나이의 동생 선아, 하루빨리 취직해 독립할 생각만 하는 언니 은아는 한동안 마음을 열지 않았다. 새아버지의 부적절한 행동으로 자신들이 남의 집에 살아야 한다는 걸 부끄러워하고, 엄마가 알지 못하는 집에 자신들을 맡긴 처사를 힘들어했다. 다행히 시간이 흐르면서 마음을 열고 언니 동생 하면서 친하게 되었다.

생기는 것도 없건만 갓난아이를 데리고 고등학생 둘에게 새벽밥을 해먹이며 지낸 이유는 한 가지였다. 그건 내 아버지가 술로 인해 가족에게 상처를 주었을 때, 누군가 도와주길 바라는 마음이 있었기 때문이다. 누구라도 나를 좀 도와주었으면 했지만 너나없이 가난한 동네에서 도와줄 수 있는 이는 없었다. 그때의 외롭고 막막했던 심정이 그 애들을 받아들이게 한 것이다.

일 년의 시간이 빠르게 지나갔다. 그동안 큰아이 은아는 고등학교를 졸업하고 엄마가 운영하는 가게에서 같이 일하기로 했다. 작은아이 선아는 수능을 보고 장학금을 받으며 대학에 진학했다. 어느 날 은아 엄마가 남편과 함께 찾아왔다. 아이들이 집에 와 있는 한 번도 오지 않던 남자가 고개를 숙이며 말했다.

"샘이 엄마, 내가 알지도 못하는 사람에게 큰 신세를 졌소. 은아 엄마하고 잘 살아보려고 재혼을 했는데 사고로 일을 못 하게 되니 그만 술독에 빠져서…… 내 이 은혜는 잊지 않겠소."

"샘이 엄마 고마웠어요. 남편이 이제는 술을 안 마시겠다고 약속했어요. 아이들도 아빠가 먼저 사과하니 받아들이네요.

잘 알지도 못하는 사람의 부탁을 받아들여줘서 얼마나 고마웠는지 모르겠어요. 남편이 샘이네 부부가 사는 거 보고, 남도 하는 일을 가족이 못하면 안 된다면서 정신 차리게 되었으니 더 고맙고요."

그렇게 일 년 만에 아이들은 집으로 돌아갔다. 얼마 지나지 않아 우리는 서울 생활을 정리하고 대전에 터를 잡기로 결정했다. 불쑥 선아가 찾아왔다. 한참 새내기 대학 생활에 즐거워해야 할 아이가 어쩐지 우울한 얼굴이다. 주머니에서 립스틱을 꺼내어 내 손에 건네주며 울먹인다.

"언니, 잊지 않을게요. 가장 힘들 때 언니가 함께 해줘서 무사히 지낼 수 있었어요. 이제는 언니가 화장도 하고 자신을 꾸미면서 살았으면 좋겠어요. 저희 열심히 살게요. 정말 고마워요."
"선아야 나도 고마워. 작은 힘이라도 보탤 수 있어서 다행이고 잘 지내렴. 언제든지 어려운 일 있으면 찾아오고……"

오래전 친정 부모와의 인연이 남들과 조금 다른 길을 걷게 했다. 난 어려워하는 사람을 보면 그냥 지나치질 못한다. 특히 부모와의 관계가 힘든 아이들을 보면 내 일처럼 가슴이 아프다. 이런저런 이유로 여러 아이들이 우리 가정에 머물다가 떠났다. 아이들과 인연을 맺은 이유는 때마다 다르지만 근본적으로는 하나였다. 울타리가 되어주어야 할 부모가 길을 잃고 방황할 때, 잠시나마 비바람을 피해 갈 수 있는 우산이 되어주고 싶었기 때문이다. 내게 있어 가족의 의미는 혈연이 아닌 감정의 문제였다.

때때로 힘에 부쳐 벗어나려고 노력한 적도 있다. 하지만 그런 상황에 처한 아이와 부딪히면 나도 모르게 다시 시작하게 된다. 가진 것 없고 힘없는 내가 오지랖 넓은 행동을 멈추지 못하는 걸 보면 어쩌면 이게 나의 달란트인지도 모른다. 조금은 특별한 아이들과의 만남이 하나의 가족이 되었고 그 가족이 내게 살아가는 힘을 주었다. 잠시 흔들리다가도 그 작은 선택의 순간들이 나를 이끌어 왔다.

긴 시간의 강을 건너는 동안 두 여자로부터 립스틱을 받았다. 나보다 한참 어린 여자애와 연상의 여인이 건네준 립스틱을 통해 지난날들을 돌이켜 본다. 화장품 살 돈도 아껴가며 열심히 걸어온 시간이 배시시 웃는다. 고백하자면, 어린 여자애가 준 립스틱은 한 번도 바르지 못했다. 시누이가 "언니는 화장도 안 하면서 립스틱이 웬 거야? 이거 내가 쓴다."하면서 가져갔기 때문이다.

볼 때마다 웃으며 살갑게 대해주는 연상의 여인이 준 두 번째 립스틱. 이 립스틱은 제대로 써봐야겠다고 작은 다짐을 한다. 조만간 입술에 바르고 나를 치장해 볼 생각이다. 뒤뚱거리면서도 멈추지 않고 여기까지 걸어온 나를 이제부터라도 많이 사랑해야겠다.

평행
선

아침에 일어나 창밖을 보니 눈이라도 올 것처럼 하늘이 낮게 내려앉았다. 문득 눈 내리는 바다가 보고 싶어 대전역으로 갔다. 부산 행 열차표를 손에 쥐고 기차를 기다리는데 철로가 눈에 보인다. 기다란 쇠붙이가 손대면 '쩡' 하고 소리라도 날 것처럼 차갑게 느껴진다. 나란히 선 쇠붙이를 나무침목이 지지하고 있다. 침목은 철로에 비해 조금 덜 차갑게 보인다. 쇠붙이와 나무침목 사이에 크고 작은 돌멩이들이 빼곡하게 들어찼다.

남에게는 인정 많고 가족에게는 인내를 요구하는 보수적인 남자와 말없이 순종하는 듯 보이지만 고집 센 여자가 만났다. 두 사람이 서로를 알기 전에 걸어온 길은 전혀 닮은 곳이 없다. 우연히, 아주 우연히 두 사람의 길이 잠시 교차했다. 순간 서로에게 경이로움을 느끼고 사랑이라고 믿었다. 걸어온 길도, 가야 할 길도 달랐던 두 사람은 목적지를 변경하면서 함께 걸어가기로 결정했다.

낯선 두 사람이 부부가 되면 살아온 환경이 비슷한 경우에도 적응하는 시간이 필요하다. 하물며 너무나 다른 삶을 살던 두 사람이 순간의 감정으로 결혼을 했으니, 시작부터 불협화음이 나는 건 당연한 일이다. 두 사람은 부부가 되었지만 평행인 기차선로처럼 각자의 주장을 강하게 내세웠다. 서로 다른 길을 걸어왔음을 배려하지 않고 무조건 상대방이 따라오기를 요구했다. 여자는 말이 통하지 않는 남자를 돌멩이라고 생각했다. 저 돌이 깨지기는 할지 의심하면서 한숨을 쉬었다. 남자는 자기가 하는 일이 옳은데 왜 여자가 불평불만인지 알 수 없었다.

장애인 시설에서 봉사활동만 하던 남자는 가정을 봉사하기 위한 밑거름으로 생각했다. 여자는 그 생각이 잘못이라고 여기지 않았지만 그래도 내 가정이 우선이었다. 가난이라면 신물이 나는 여자는 아이들에게만은 가난을 물려주고 싶지 않았지만 남자의 생각은 달랐다. 남자는 자리를 잘못 잡은 천사였다. 그는 가족이 먹을 것을 아끼고 희생해서라도 남을 도와야 한다고 생각하는 사람이었다. 가족에게는 인내하고 절약할 것을 요구하면서 모든 열정을 다른 사람에게 바치는 그를 보면서 여자는 점점 생기를 잃어갔다.

기왕 맺은 인연이 날마다 전쟁만 하면서 지내는 건 얼마나 지난한 일인가. 결국 둘 중에 하나는 져야만 하는 현실에서 여자는 입을 다물었다. 사실 남자가 하는 일이 영 잘못된 일은 아니라는 것을 알기 때문이다. 아니, 오히려 칭찬받아 마땅한 일이다. 단지 그로 인해 여자가 불편하다고 해서 반대하는 건 옳지 않다고 생각했다. 결국 속에서 하고 싶은 말들이 널뛰기를 해도 내리누르고 묵묵히 남자의 뒤에서 그림자로 살기로 했다. 그러다보면 언젠가는 여자의 마음을 알아주겠지. 가슴에 담은 말들을 조금은 들어주겠지. 그렇게 스스로를 위안하면서 입 다물고 살았다.

삼십오 년의 결혼생활이 여자에게 남긴 것은 차가운 철로와 가로막힌 침묵만은 아니다. 아이를 낳고 기르면서 뾰족한 돌멩이 같던 마음이 조금은 부드러워졌다. 한 아이를 낳고, 두 아이를 입양하고, 남자의 천사놀이를 뒷받침하면서 갈비뼈 사이가 조금은 헐거워졌다. 쉽지는 않았지만 그런대로 보람 있는 결혼생활이었다. 갑자기 몸에 이상이 생기기전까지는 적당히 만족하면서 자신을 다스릴 수 있었다.

여자는 평생을 가난과 편견, 그리고 이해받지 못하는 고독함을 혼자 삭히며 지냈다. 나서부터 친구처럼 따라다니는 가난을 언젠가는 벗어나겠지, 여자이기에 참아야 하고 내색하지 말아야 했던 일들이 조금은 나아지겠지, 남자가, 아니 누군가 한 사람이라도 여자의 마음을 알아주고 보듬어주겠지, 그런 마음으로 힘에 겨워도 내색하지 않고 묵묵히 살았다. 하지만 말하지 않는 심정을 알아주는 사람은 없었다.

　속된 말로 남편은 남의 편이란 말이 있다. 남자는 유난스레 더 남의 편이었다. 그의 머릿속엔 가족이 들어설 자리가 없었다. 여자는 혼자서 아이들 돌보고 남자의 뒤치다꺼리를 하면서 마치 과부처럼 살았다. 오래도록 아내나 엄마, 며느리가 아닌 여자로서의 행복은 없었다. 그래도 아이들 키우는 것에 마음을 두고 스스로를 달래가면서 오랜 시간 여자는 몸에 힘을 주고 살았다. 하지만 자신의 몸과 마음을 돌보지 않고 아무렇지 않은 척 남자의 그림자로 산 시간은 몸과 마음을 병들게 했다. 아무리 좋은 취지라도 자신을 돌보지 않은 것에 대한 대가는 생각보다 크게 다가왔다.

　여자는 병이 들면서 남자에게 기대고 싶었다. 남자가 지금까지 남에게만 주던 시선을 이제는 여자에게 돌리기를 바란 것이다. 하지만 남자는 그걸 헤아리지 못했다. 아니, 늘 자기를 받쳐

주던 여자가 느닷없이 그 역할을 내려놓는 것을 이해할 수 없었다. 언제나 그랬듯이 이번에도 각자의 생각만을 앞세우고 서로의 아픈 마음을 돌아보지 않았다. 결국 여자는 남자를 떠나기로 결심했다.

남자가 언젠가는 알아주리라 생각했던 지난 시간들이 헛수고였구나 싶어 세상이 무너지는 것 같았다. 좀 더 젊은 나이에 끝내지 않은 것을 후회했다. 그나마 아이들이 모두 독립한 것을 다행이라 여기며 남자에게 떠나겠다고 선언했다. 전혀 뜻밖의 상황을 맞이한 남자는 일단 몸이나 추스르고 난 다음에 원하는 대로 하라고 여자를 붙잡았다. 어쩌면 아이들이 함께 있었다면 조금은 다른 결론을 내렸을지도 모른다.

돌아보면 부부에게 있어서 아이들은 철로에 놓인 침목이고 돌멩이였다. 가까이하지 못하고 따로 노는 쇠붙이를 이어주고 다른 생각을 하는 부부 사이에서 아이들은 완충제 역할을 했다. 두 남녀가 부딪쳐 지반이 흔들릴 때면 철로에 놓인 돌멩이처럼 아이들이 진동을 흡수했다. 급한 성격의 여자가 제풀에 지쳐 눈물 흘리면 아이들이 안아주고 위로하며 배수 역할을 하기도 했다. 평행선으로 사는 부부가 흙먼지를 날리면 아이들이 가라앉히곤 했다. 가정에 불협화음이 잡초처럼 자라지 않도록 아이들은 웃음으로 다독이고 희망을 안겨주었다. 그런 아이들이 곁에 있었다면 여자도 남자를 떠나겠다는 극단적인 결정을 하지 않았을 것이다.

  남자를 떠나기로 결정한 여자는 제일 먼저 아이들을 만나러 갔다. 아이들에게 마음 두고 살아온 시간이 저도 모르게 발길을 옮기게 한 것이다. 큰아들을 만나러 필리핀으로, 딸을 보러 서울로, 막내아들이 있는 군부대로 발길을 옮기면서 마음 약하게 먹지 말자고 다짐하면서 걸었다. 그럼에도 불구하고 버스와 기차, 비행기까지 타고 돌아다니면서 얻은 결론은 아이들에게 무너진 가정을 줄 수 없다는 것이었다. 여자는 집에 돌아와 치료를 받기 시작하면서 남자에게 말했다.

"많이 힘들고 서운했지만 지나간 일을 되돌릴 수 없으니 이제부터라도 후회할 일은 하지 않을래요. 부부로 살아온 시간만큼 서로에 대해 잘 알고 있으니 친구처럼, 동지처럼 그렇게 지내기로 합시다."

  그 마음이 전해졌을까? 남자는 이제 여자를 위해 조금씩 변해가는 중이다. 어쩌면 함께 걸어온 길이 아주 허송세월만은 아니었나보다.

  부산으로 가는 기차가 들어온다. 삼십오 년간 내내 평행이었던 부부를 떠올린다. 평행의 선로에서 부부를 지켜주다가, 기차를 타고 각자의 길로 떠나간 아이들을 생각하며 바다를 향한 짧은 여행길에 오른다.

나의 키다리 아저씨

부쩍 자란 흰머리가 눈에 거슬린다. 염색을 하기 위해 동네 미장원에 갔다. 미용실 원장이 염색크림을 발라주는 걸 보면서, 같은 일을 하고 있을 딸아이가 생각났다. 염색약을 바르고 일어서는데 마치 기다렸다는 듯이 전화가 울린다.

"엄마, 통관번호나 주민번호 알려줘."
"갑자기 왜?"
"해외직구로 영양제를 주문했는데, 받는 사람 정보가 필요하대."

며칠 전, 병원에서 나오는 길에 딸하고 통화를 한 적이 있다. 면역기능이 약해져서 그런지 몸이 자꾸 말썽을 부린다고 했더니

영양제를 주문했단다. 머리를 염색하던 중이라 간단하게 통관번호를 알려주며

"고마워, 잘 먹을게."라고 말한 뒤 통화를 끝냈다.

삼십여 년 전 걸음도 제대로 못 걷던 딸이 어느새 훌쩍 자라 커다란 나무가 되었다. 잘 지내고 있냐고 물으면

"응, 난 잘 지내고 있어. 걱정하지 말고 엄마 건강이나 신경써." 하면서 씩씩하게 답하는 딸이다.

딸아이는 강남에서 제법 이름이 알려진 미용사다. 단골손님이 많아 수입도 괜찮다고 한다. 수입이 괜찮다는 말은 그만큼 고단하게 일을 한다는 의미일 것이다. 집에서 지낼 때 통통하던 딸이 서울에서 혼자 생활하면서부터 반쪽이 되었다. 가녀린 몸으로 하루 종일 서서 일하고 있을 딸을 생각하면 마음이 짠하다. 그런 딸이 요즘 들어 부쩍 엄마에게 마음 써주는 게 고맙고 미안하다.

딸아이를 생각하면 어렸을 때 처음 가지게 된 『키다리 아저씨』란 책이 생각난다. 나는 학교에 가기 전에 글자를 깨쳤다. 물

론 받침이 없는 쉬운 글자였다. 하루는 평소에 나를 귀여워하던 옆집 아저씨가 책 한 권을 주셨다. 다행히 그 책의 제목에는 받침이 하나도 없었다. 나는 "키, 다, 리, 아, 저, 씨," 하며 또박또박 말했다. 그날부터 키다리 아저씨는 내 마음 속에 커다란 나무로 자리 잡았다.

키다리 아저씨는 날마다 술에 취해 집안을 전쟁터로 만드는 아버지와 달랐다. 툭하면

"너만 아니었으면 네 아버지랑 살지 않을 텐데……."라며 신세타령 하는 엄마와도 달랐다.

부모가 가정을 안중에 두지 않고 각자의 삶에 비틀거리는 동안, 의지할 곳 없던 나는 작은 책을 가슴에 품고 홀로 자랐다. 가난한 집 맏딸이라는 이유로 일찌감치 생활 전선에 뛰어들었다. 이른 새벽이면 공장으로 출근하면서 내게도 키다리 아저씨가 있으면 좋겠다는 생각을 했다. 늘 두리번거리며 술과 악다구니 난무하는 현실에서 나를 구해 줄 키다리 아저씨를 찾았다. 만나는 사람마다 혹시 키다리 아저씨는 아닐까 살펴봤지만 상상일 뿐 현실은 달랐다.

성인이 되면서 도망치다시피 결혼을 했다. 아주 잠깐 남편이

키다리 아저씨라면 좋겠다는 기대를 했지만 그 역시 상상에 불과했다. 첫아들이 태어나 엄마가 되자 그런 상상은 땡볕에 여름 빨래 마르듯이 말라버렸다.

어느 날 한 아이를 만났다. 지난날의 나와 꼭 닮은 아이였다. 가정이라는 울타리에서 보호받지 못한 아이, 두 돌 되기 전에 믿음보다 불신을 먼저 배운 아이였다. 손만 대면 미모사 잎처럼 온몸을 움츠리는 작고 연약한 아이, 까만 눈동자에 얼비치는 상처를 보면서 가슴이 아팠다. 지켜주고 싶다는 마음 하나로 딸아이의 키다리 아저씨가 되기로 했다.

우리는 모녀지간이 되었다. 하지만 생각과 달리 아이와 나는 쉽게 가까워지지 않았다. 아이의 상처가 아물기를 기다리기보다 교정해야 한다는 생각이 앞섰기 때문이다. 딸아이는 손을 잡아주지 않으면 바로 서지 못할 정도로 다리가 심하게 비틀려 있었다. 똑바로 걷게 할 욕심에 틈만 나면 비틀린 다리를 주무르며 아프다고 우는 아이를 모른 척했다. 당연하게 아이는 내게서 점점 멀어져 갔다. 품에 안겨 철없는 아이처럼 행동하다가도 일순 마음의 문을 닫아버리곤 했다.

오래전, 사랑보다 훈육이 앞서는 부모님으로 인해 힘들었던 걸 까맣게 잊고 딸아이를 가르치려고만 했다. 성급하게 내 방식을 고집하는 바람에 감정의 소통은 점점 힘들어졌다. 내가 엄마

노릇을 제대로 하는 건지, 나로 인해 아이가 또 다른 상처를 받는 건 아닌지 두려웠다. 애초 아들 하나 키워본 어설픈 엄마의 가슴으로는 감당할 수 없는 일이었는지도 몰랐다. 그저 있는 밥상에 숟가락 하나 더 놓으면 된다고 생각했던 게 실수였는지 모른다.

　소중한 내 딸을 아니, 나를 지켜달라고 수시로 성당을 찾아 무릎 꿇고 기도했다. 어느 날 기도하고 있는 나에게 키 큰 외국인 수녀님이 다가왔다. 울먹이며 고해성사하듯이 말하는 나를 수녀님은 꼭 안아주시며 자신의 어머님 이야기를 들려주셨다. 자신의 어머니 역시 열 명의 자식을 키우는 동안 어렵고 힘든 시간을 수없이 겪으셨다 한다. 아직까지도 사랑을 받아들이지 못한 자식이 있다며, 친엄마도 그런데 하물며 남남이 만나 모녀지간이 되는 일이 쉽지 않은 건 당연하다고, 그래도 엄마가 되겠다고 작정한 그 마음으로 해낼 수 있다며 위로해 주셨다. 나는 키다리 아저씨의 '주디'처럼 수녀님의 품에 안겨 다시 힘을 얻었다.

　돌이켜 생각해보면, 지난날 키다리 아저씨는 곳곳에 있었다. 내가 키다리 아저씨를 찾아 헤매는 동안 여러 모습으로 곁에 있었던 것이다. 처음 『키다리 아저씨』란 책을 건네준 이웃집 아저씨, 힘들어할 때마다 안아주며 힘을 주던 수녀님, 수시로 도움을 건네준 여러 선생님, 모녀지간의 좌충우돌을 말없이 지켜본 가족, 당시에는 알지 못했지만 그들 모두가 키다리 아저씨였다.

그중에서 무엇보다도 소중한 키다리 아저씨는 딸아이가 아닐까 싶다. 딸아이를 가슴에 품으면서 내 가슴은 더 뜨거운 가슴이 되었고, 딸아이를 키우면서 내 키도 함께 자랐다. 딸아이의 상처가 아물면서 나의 상처도 더불어 아물어 갔다. 처음 내가 딸아이에게 키다리 아저씨가 되어주려고 했던 선택은, 어쩌면 나와 딸아이를 치유하고자 한 신의 한 수였는지도 모른다.

가족이란

"아줌마, 애 누구예요?"
"아줌마 아들이야."
"갑자기 어디에서 왔어요? 애도 할머니가 봐줬어요?"
"아니, 며칠 전부터 아줌마 아들이 됐어."

물끄러미 막내를 바라보던 재민이가 작은 소리로 중얼거린다. 알아듣지 못할 정도로 작은 소리여서 다시 물었다.

"뭐라고?"
"그럴 것 같으면 나도 데려가지 그랬냐고요!"

그 말 한 마디를 툭 던지고 휙 돌아서서 달려간다. 나는 초등학교 5학년인 재민이가 한 말에 잠시 할 말을 잊고 멍해지고 말았다. '그랬구나, 저 아이는 정말 가족이 그리웠구나.' 예전에 자주 들르던 돈보스꼬의 집에서 있었던 일이다.

그곳에 있는 아이들은 말 그대로의 고아는 아니다. 할머니, 할아버지, 친모나 친부 등 연고가 있지만 형편상 돌보지 못하는 아이들이다. 고등학교를 졸업할 때까지 신부님이랑 자원 봉사자들이 합심해서 가족을 대신해 돌봐준다. 대략 열다섯 명 안팎의 아이들이 다양한 연령으로 섞여 한 집에서 형제처럼 지낸다. 아이들은 잠시만 있는 걸로 알고 들어왔다가 성인이 될 때까지 머무는 경우가 많다. 한 번 책임을 내려놓은 보호자가 나중에 책임지겠다고 나서는 일이 드물기 때문이다.

재민이는 부모가 이혼한 뒤 보살펴주시던 할머니의 건강이 악화되면서 그곳에 왔다. 평소 우리가족이 가면 살갑게 대하고 저보다 어린 우리 아이들을 잘 돌봐주곤 했다. 그런 재민이가 한 가족이 된 막내아들을 보고 불쑥 내뱉은 말에 마음이 아프다. 처음 그곳을 방문했을 때가 생각난다. 초등학생부터 고등학생까지 사내아이들만 모여 있어서인지 들어서는 순간부터 정신이 하나도 없었다. 어떤 아이는 쳐다보지도 않고, 어떤 아이는 삐죽 인사만 하고, 아직은 어린 우리아이들이 다가가면 성가셔 하는 아이도 있었다. 그 와중에 재민이는 우리아이들을 보면 반가워하며 형이나 오빠처럼 챙겨주곤 했다. 예의바르고 다른 아이들이 일상적으로 하는 험한 말도 하지 않는 재민이었다.

우리 가족이 돈보스꼬의 아이들과 인연을 맺은 것은 딸아이를 만나고 나서부터다. 어려서부터 다양한 환경의 아이들과 자연스럽게 어울리다보면 나중에 혹시라도 딸아이가 심리적으로 어려울 때 도움이 될지도 모른다는 생각이 들어 시작한 일이다. 옥계동에 있는 여자들의 집과 정림동에 있는 남자들의 집(가톨릭 성인인 돈보스꼬의 정신을 이어받아 예방교육의 일환으로 살레시오 수도원에서 운영하는 곳이다. 신부님과 수녀님이 함께 거주하면서 아이들을 돌본다. 남자아이와 여자아이의 집이 분리되어 있다.)을 번갈아가며 방문했지만 어쩐 일인지 딸아이는 여자아이들이 있는 나자렛 집에 가는 것을 싫어해서 주로 남자아이들이 있는 돈보스코의 집에 가곤 했다. 큰아들이 여섯 살 무렵부터 중학교를 졸업할 때까지 살레시오 아이들과 함께 했던 시간은 우리가정에 잊을 수 없는 소중한 추억이다.

살레시오 아이들의 생일이나 방학, 그리고 수도원의 각종 행사에 우리가족은 언제나 함께 했다. 방학이면 신부님은 아이들이 친 가족과의 연결고리를 잊지 않게 하기 위해, 혹은 사회와 단절되지 않게 하기 위해 연고가 있는 혈연을 찾아 방문하게 했다. 그렇게 할 수 없는 몇몇 아이는 우리 집으로 와서 방학을 보내기도 했다. 물론 우리 큰아들도 방학기간의 일부를 고아원에서 지내곤 했다. 그렇게 지내던 중 막내아들이 생긴 것을 처음 본 재민이가 저도 모르게 속마음을 말한 것이다.

언제까지나 이어질 것 같았던 돈보스꼬 아이들과의 인연은 우리 가족에게 변화가 생기면서 끝나고 말았다. 원래도 넉넉한 살림은 아니었지만 방 한 칸 얻을 수조차 없을 만큼 경제적으로 최악의 상황을 맞으면서 호구지책이 급해진 것이다. 결국 큰아들이 중학교를 졸업할 무렵, 돈보스꼬 아이들과의 인연은 끝이 나고 말았다. 아이들의 생일이나 어린이날, 크리스마스 등 아이들과 함께 했던 기념일이 다가올 때면 재민이, 종수와 민수형제, 그리고 여러 아이들이 생각난다.

내게 있어 가족이란 의미는, 한 시대를 살면서 서로의 아픔을 보듬어 줄 수 있는 사람이라면 누구나 가족이다. 더불어 자식이란 말의 의미도 배 아파 낳은 자식만을 뜻하지 않는다. 난 열 손가락으로도 셀 수 없을 만큼 많은 자식이 있다. 하나하나 꼽아보면 늘 보고 싶고 안아주고 싶은 아이들이다. 비록 지금은 나의 부족함으로 연락이 끊어졌지만 언제나 아이들을 위해 기도한다. 한때나마 인연 맺었던 아이들이 어디에서 무엇을 하든 건강하고 행복하기를 바라면서……

어른이 되고 싶다

한동안 한남대 사회교육원에서 상담심리과정을 공부한 적이 있다. 공부를 시작하게 된 동기는 가슴으로 낳은 딸아이와 좀 더 잘 지내고 싶어서였다. 사 년이라는 제법 긴 시간을 낮엔 일하고 밤이면 졸음을 참아가며 열심히 다녔다. 덕분에 소정의 목적은 이루었다. 더불어 내 자신의 심리상태를 알게 되고 대인관계가 이전보다 편해지면서 일석이조의 효과까지 보았다. 단순히 딸아이를 이해하려고 시작했던 공부가 많은 것을 깨닫게 한 것이다.

내 안에는 편협하다고 밖에 달리 표현할 수 없는 관념들이 자리하고 있었다. 가장 문제가 되는 건 세상을 믿지 못하고 사람들과의 소통, 특히 어른들과의 관계가 편하지 않다는 것이다. 그건 부모님과의 관계에서 남은 부산물이나 다름없다. 일찌감치 사회생활을 했기에 표내지 않고 어울리긴 했지만 어른을 대할 때면 늘 쭈뼛거리곤 했다. 다행히 상담심리과정을 배우면서 삐딱하던 관념들을 어느 정도 바꿀 수 있었지만 어른들과의 관계는 여전히 편하지 않았다. 어른과의 관계, 그것도 아버지와 비슷한 연배의 어른을 대할 때면 넘지 못하는 벽이 있었다.

언젠가 수업 중에 역할 놀이를 할 때였다. 두 사람이 짝이 되어 역할을 분담하고 서로 바꾸기도 하는 과정이었다. 나와 짝이 된 사람이 먼저 아버지 역할을 했다. 젊은 시절 가족을 버리고 집을 나갔던 아버지가 늙고 병든 몸으로 돌아와 아들을 향해 자신의 심정을 토로하는 역할이었다. 난 순간적으로 머릿속이 하얘지면서 할 말을 잊고 말았다. 앞에 앉은 사람이 맡은 아버지의 모습을 이해하기보다 두려움이 먼저 들었기 때문이다. 대부분의 과정을 잘 넘겼는데 상대방이 맡은 아버지 모습을 보는 순간 벽에 부딪히고 말았다. 순식간에 할 말을 잃고 목석이 되어 버린 나를 보면서 확실히 알았다. 내게 어른이란, 특히 부모란 어떤 존재인지를 말이다. 그건 오랫동안 내 안에 도사리고 있는 고정관념이었다.

아주 어릴 때부터 어른을 대하는 일이 어려웠다. 내가 성장하면서 본 어른의 모습은 강압적이고 심지어 폭력적이기까지 했다. 그들은 일방적으로 지시하고 제대로 하지 않는다고 야단하는 게 일상이었다. 마치 어린아이 시절을 겪지 않고 처음부터 어른으로 태어난 것처럼 말이다. 생판 낯선 나라에서 온 외국인도 아니 건만 그들의 말이나 행동을 도무지 이해할 수 없었다. 그들은 아이를 사랑으로 대하기보다 벌을 주는 존재였다.

모든 어른들이 다 그런 건 아니지만 내 아버지는 그런 분이었다. 평소에는 말이 없다가 술만 드시면 대뜸 야단부터 치셨다. 엄마 역시 그랬다. 엄마의 무조건적인 아들 사랑이 얼마나 컸던지, 딸로 태어난 나는 죽을죄를 지은 죄인인 양 지내야 했다. 처음 만난 부모가 어렵고 무서운 존재여서 그런지, 난 어른들을 대할 때면 할 말을 잊고 허둥거리게 된다. 그렇게 어렵고 무섭기만 하던 어른이 최근 들어 다른 색깔로 보이기 시작했다.

오십대 중반에 예상했던 것보다 일찍 백수의 길에 들어섰다. 갑작스레 일선에서 밀려나면서 정신없이 돌아가던 날들이 헐렁해졌다. 언제나 할 일이 눈앞에 쌓여있던 일상이었는데 갑자기 하루가 길어진 것이다. 습관적으로 일에 매여 살다가 느슨하게 지내는 게 쉽지 않았다. 남아도는 시간을 버텨내고 마음을 추스르기 위해 글을 쓰기 시작했다.

글쓰기를 시작하면서 새로운 사람들을 만났다. 대부분 은퇴를 하고 제2의 인생을 만들려고 하는 어른들이었다. 그들은 내가 지금까지 알던 어른들과 다른 모습이었다. 글을 쓰는 사람들이라 그런지 감성이 온화하고 타인에 대한 이해심이 남달랐다. 시대에 따르는 필연적인 가난을 겪었을망정 그들이 세상을 대하는 모습은 봄날의 햇살처럼 따뜻했다. 좌절과 불평불만으로 주변을 회색으로 물들이던 내 부모와 달리 그들은 긍정과 희망으로 세상을 엮어나가고 있었다.

그들과의 만남이 더해가면서 회색빛 어둠은 점차 옅어져갔다. 조금은 궂은 길을 걷느라 숨죽였던 날들이 비로소 숨을 쉬기 시작했다. 오랜 시간 쌓기만 하고 돌보지 못한 말들이, 때로는 나조차 피하고 싶을 만큼 아픈 이야기들이 거침없이 쏟아졌다. 날것 그대로의 글을 읽으면서 그들이 보여준 이해심은 놀랍다는 말밖에 달리 표현할 길이 없다. 어설프고 두서없는 글 속에 숨어있는 상처받은 어린아이를 그들은 놓치지 않았다. 글의 짜임새보다 내용에 관심을 두고 같이 아파하고 기뻐하면서 칭찬을 아끼지 않았다. 어린 시절 그토록 바라던 격려와 칭찬을 아낌없이 주는 그들로 인해 난 점차 어른에 대한 두려움을 씻어낼 수 있었다.

늘 어렵기만 하던 어른의 세계였다. 물론 외관상으로는 나도 분명히 어른이지만 내 안에는 어른을 무서워하는 어린아이가 도사리고 있었다. 그런 나에게 그들은 자연스럽게 어른이란 어떤 것인지를 보여주었다. 어린 시절 부모님이 일그러진 얼굴로 잘

못된 어른의 모습을 심어주었다면, 새로 알게 된 어른들은 웃으면서 상처받은 마음에 오색 빛깔을 입힌 것이다.

  백세시대에 겨우 반 넘었는데 먼 길을 걸어온 것만 같다. 그동안 얼마나 큰 착각 속에서 세상을 대했는지 이제야 조금 알 것 같다. 오래도록 해결하지 못했던 어른에 대한 감정을 정리해 준 어른들과 함께할 수 있어서 참 다행이다. 살아온 날들이 그대로 향기가 되는 맑은 얼굴들이 보기 좋다. 나도 언젠가 그들처럼 향기 나는 어른이 되고 싶다.

4부

낯선 그녀가 좋다

그녀는 다시 자기 자리를 찾아가려 한다. 야생에서 온실로, 온실에서 자연으로 자리 매김을 하려 한다. 바람에 흩날려 잃어버릴 뻔 했던 자신을 추스르는 중이다. 나는 낯선 그녀가 좋다.

달을 물고 있는 까치

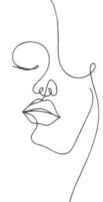

절 지붕 위에 있는 까치를 보았다. 때 이른 달을 보며 가만히 서 있는 모습이 아름다웠다. 문득, 까치가 달을 베어 물고 싶어서 궁리를 하는 건 아닐까 하는 엉뚱한 생각을 해본다. 절 지붕과 달, 까치를 한데 엮으면 하나의 그림이 되겠다 싶어 이리저리 발길을 옮겨보았다.

버석거리는 마른 잔디를 밟고 왼쪽, 오른쪽, 다시 앞뒤로 움직이면서 댓돌 위에 올라갔다가 훌쩍 뛰어내렸다. 무릎이 작은 신음소리를 낸다. 무릎이야 그러거나 말거나 모른 척 외면하고 눈동자를 폰 카메라에 고정한 채 몇 번이나 시도한 끝에 마침내 그 순간을 포착했다. '지금이야, 찰칵!' 뚝 떨어져 있던 달과 까치를 한데 엮어 마침내 내가 바라던 그림을 만들었다.

난 평소에 사진을 자주 찍는다. 운동 삼아 거리를 걸으면서 주로 꽃 사진을 찍고는 한다. 걸어 다니다보면 종종 새 소리가 들릴 때가 있다. 반가운 마음에 얼른 고개를 들어 소리 나는 곳을 보지만 꽃과 달리 새는 가만히 있지 않는다. 움직이는 새를 찍고 싶어 애를 써도 멋진 순간을 잡기는 쉽지 않다. 그런데 절에서 만난 까치는 마치 찍어달라는 듯이 제법 긴 시간을 움직이지 않고 있었다. 사진을 찍은 뒤에도 고요히 앉아 있는 까치를 보면서 어쩌면 독경소리를 자주 들어서 해탈한 것은 아닐까 하는 싱거운 생각을 해본다. 딱히 쓰임새 없는 사진 한 장을 찍으려고 노력하다가 오래된 꿈이 떠올랐다.

살아온 시간의 대부분을 일에 매여 살면서 탈출구라고는 책 읽는 게 전부였다. 할 수 있는 건 오로지 살아남기 위한 몸부림뿐이었지만 그 와중에도 책은 놓지 않았다. 현실이 고단할수록 더욱더 책을 파고들었다. 다양한 분야의 책을 읽으면서 모르는 것을 알게 되는 순간이 좋았다. 과연 이런 세상이 있을까 싶을 정도로 낯선 이야기들을 읽으면서 은밀히 꿈을 꾸었다. 현실과의 괴리감이 너무 커서 차마 입 밖에 내지 못하고 속으로만 간직했던 꿈이 요즘 몸 안에서 꼼지락거리기 시작한다.

오랜 시간 차마 내색하지 못하고 접어두었던 꿈은 사진작가가 되는 것이다. 우연히 도서관에서 사진과 글이 함께 실린 책을 보면서 가지게 된 꿈이다. 나도 그 사람처럼 여행하며 사진 찍고 글을 쓰면서 지내고 싶다는 생각을 열대여섯 살 무렵에 한 것이다. 세월이 많이 흐르고 그때보다 많이 나아진 현실에서조차 남편이나 시댁 식구들이 들으면 어이없어 할 꿈을 그 옛날에 가졌으니 어지간히 무모한 꿈이었다.

하루 한 끼니 먹는 것도 버거워 일찌감치 돈을 벌어야 했던 아이가 그런 꿈을 꾼다는 걸 알았다면 어머니 아버지는 뭐라고 하셨을까? 아마도 정신 차리라며 책을 못 보게 했을지도 모른다. 부모 몰래 공장에서 야간작업을 빼먹고 고등공민학교(중학교 과정, 고입 검정고시를 통과해야 졸업 자격이 주어진다)에 갔다가 들킨 순간, 책을 몽땅 불속에 집어넣었듯이 말이다. 그렇게 한 푼이라도 더 벌어야 할 판에 쓸데없는 짓 한다고 혼이 나던 순간들이 내가 꿈을 숨겨야만 하는 이유였다.

너무 꽁꽁 숨겨서 나마저도 잊고 있던 꿈이 몸 속 어딘가에 살아 있었나보다. 요즘 다시 그 꿈이 살아서 꿈틀거리기 시작한다. 어떤 씨앗이든 자라나려면 물을 주고 꾸준히 보살펴주는 노력이 필요한데 오래도록 품기만 하고 돌보지 않았던 씨앗이 죽지 않고 살아남은 것이다. 어쩐지 미안한 마음에 던져두었던 꿈을 꺼내어 펼쳐본다.

여전히 꿈을 이루기엔 현실의 벽이 두껍다. 얄팍한 주머니와 부실한 몸, 구성원은 바뀌었어도 변함없이 이해하지 못하는 가족들에게 둘러싸여 있다. 하지만 난 이제 더 이상 망설이지 않을 생각이다. 그동안 더 일찍 용기내지 못하고 주변인이 원하는 사람으로 살아온 시간이 아까울 따름이다. 하나의 사진을 찍기 위해 이리저리 움직이면서 원하는 그림을 만들어낸 것처럼 나의 노년을 아름답게 만들고 싶다. 가야 할 길이 멀다. 꿈을 이루기 위해 해결해야 할 일들이 산더미다. 하지만 그 옛날, 지금의 내 모습을 상상하지 못했듯이 조금은 허황되고 어이없을지라도 꾸준히 노력하면 이루어지리라 믿는다.

절에 사는 까치가 달을 보며 어떤 생각을 했는지 모르지만 나도 달을 물고 싶다. 그 옛날 캄캄한 밤길을 함께 걸어주던 달빛을 끄집어내 멋진 그림으로 만들고 싶다. 그렇게 되기 위해 느리게나마 꿈을 향해 도전하는 걸 멈추지 않을 생각이다. 어쩌면 절에 사는 까치는 정말 달을 베어 물을지도 모른다. 간절하게 바라면 이루지 못할 일이 없다고 했으니 말이다.

낯선 바람의 향기

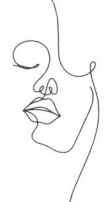

당신 내 얘기 좀 들어 볼래요?

요즘은 여행을 많이 하지요. 주변 사람들을 보면 국내는 물론 외국 여행도 자주 다니는 것 같더라고요. 부럽기도 하고 샘이 날 때도 있답니다. 난 오십이 넘도록 제대로 된 여행이라곤 해 본 적이 없거든요. 이 말을 듣는 당신은 의아해 할지도 모르겠네요. 이렇게 교통이 편리하고 작정만 하면 못 갈 곳이 없는 시대에 여행을 안 해 봤다고? 에이 설마. 그리 생각할지도 모르지요. 여행을 못 간 이유를 구구절절이 늘어놓을 생각은 없지만 간단하게라도 설명은 해야 할 것 같군요. 그래야 다음 이야기가 이어질 테니까요.

난 평생을 가난하게 살았습니다. 가난한 집에 태어나 자랐고, 결혼해서도 달라지는 것은 없었어요. 늘 누군가를 보살펴야 했고 언제나 내게 의지하는 사람이 대기하고 있었습니다. 철들기 전에 일을 먼저 배웠고 오래도록 가족을 부양해야만 했습니다. 그러다보니 여행은 감히 꿈도 못 꾸고 살아왔지요.

지금 난 직업이 없습니다. 몸을 돌보지 않고 일만 하다 보니 여기저기 불편한 곳이 생겨서입니다. 그래서 요즘은 오전엔 시민대학에 가서 이런저런 강의를 듣고 오후엔 병원 치료를 받으며 시간을 보내고 있답니다. 예전에 일할 때 사람들이 말하기를 놀면 더 바쁘다고 하던데 그 말을 실감하고 있는 중이지요. 일할 때에 비교하면 편안해야 할 백수의 생활이지만 몸이 자주 피곤해져서 일주일에 하루를 휴일로 정했습니다. 그날은 아무것도 하지 않기로 결정했지요.

그러던 중 어느 날 아침 문득 숨이 막힌다는 생각이 들었습니다. 짜 맞춘 시간표에 따라 움직이는 게 답답하게 느껴졌다고 할까요. 그냥 훌쩍 여행을 떠나고 싶었어요. 낯선 지역의 바람은 향기가 다를지도 모른다는 생각이 들더군요. 그 낯선 바람이 나를 부르는 것 같았습니다. 참을 수가 없었어요. 서둘러 일어나 집을 나섰습니다. 기차역 전광판을 보고 가장 빨리 떠나는 것으로 선택한 곳은 경주였습니다. 평소 시민대학에 가던 모습 그대로 행선지만 바꿨을 뿐인데 세상이 달라지더군요. 그게 참 좋앉습니다.

 태양과 바람의 도시 경주는 고대와 현대가 함께 어우러져 독특한 풍경을 그리고 있었습니다. 뜨거운 태양 아래 터벅터벅 걸어 다니다보니 아득한 옛날이 눈앞에 보이는 것처럼 생생하게 느껴졌습니다. 왕족과 백성들의 일상이 손에 잡힐 듯 다가오는 경주의 모습은 도시 전체가 그대로 유적지였습니다.

 천마총, 첨성대, 안압지, 박물관 등을 돌며 유적들을 봤습니다. 그 옛날 신라의 유물들은 여전히 정교하고 아름다운 모습으로 남아 내게 말을 합니다. 저들도 한때는 살아 있는 사람들이었고 정성된 마음으로 세상을 꾸몄었다고요. 난 그저 살아남기 위해 하루하루를 사느라고 몰랐습니다. 먼 옛날에도 사람들은 살고 있었다는 것을, 지금 이 세상을 살아가고 있는 우리들은 그들의 유산으로 살고 있다는 것을요.

 뜨거운 태양 아래 걷다보니 그만 지치고 맙니다. 갈증이 나서 물이라도 사려고 둘러보니 거리의 많은 상점들이 문을 닫은 것이 보입니다. 지나가는 아주머니에게 마실 것을 살만한 곳이 있냐고 물으니 생수 한 병을 건넵니다. 고맙다고 인사하고 벌컥벌컥 마시고 나자 그제야 거리의 한적함이 눈에 보입니다. 유명한 관광지가 왜 이리 한산하냐고 물었습니다. 아주머니는 낮엔 사람이 없고 밤이 되어야 사람 구경을 할 수 있다고 대답합니다.

낮에는 어디 숨어 있다가 밤만 되면 나오는지 알 수가 없다는 말에 같이 웃었습니다.

그러네요. 낮엔 모두 어디에 있었을까요? 아주머니와 헤어져 길을 다시 걸으며 생각에 잠깁니다. 밤만 되면 나타나는 그들은 유령일지도 모릅니다. 어쩌면 먼 옛날의 선조들이 무덤 속에 들어가 휴식을 취하고 밤이 되면 마실 나오는 게 아닐까 하는 엉뚱한 생각을 해봅니다. 백일몽을 꾸듯 낯선 도시의 거리를 거닐다 보니 이젠 현실로 돌아가야 할 시간이 되었습니다. 백수지만 여전히 바쁘고, 몸은 불편하지만 그래도 아름다운 꿈이 있는 일상으로 말입니다.

참 그 말을 안 했네요. 난 몸이 아프면서 강제로 일선에서 밀려났어요. 충격이 컸습니다. 심하게 우울하기도 했지요. 하지만 지금은 괜찮아졌어요. 왠지 아세요? 그건 새로운 꿈을 꾸기 시작했기 때문입니다. 아직 먼 길이긴 하지만 글을 쓰는 재미도 알게 되었습니다. 아침에 일어나 커피 한 잔을 마시면서 글자판을 가만히 쳐다봅니다. 그럼 마침내 하나의 단어와 문장이 가만히 저를 찾아옵니다. 그 순간이 참 좋습니다. 글을 쓰는 삶을 알게 된 것이지요. 이제 난 글쓰기 전의 삶으로 돌아갈 수 없다는 것을, 돌아가지 않을 것이라는 것을 압니다.

잃은 것이 있으면 얻는 것도 있다는 말처럼, 일하느라고 건

강을 잃었지만 건강을 잃은 덕분에 달콤한 꿈을 가지게 되었네요. 그러고 보면 인생살이 재미있지요? 아침에 문득 떠오른 생각 하나를 실천에 옮겨 이방인이 된 하루입니다. 가끔은 아주 가끔은 그런 일탈도 좋다는 생각을 하면서 집으로 발걸음을 옮깁니다. 낯선 바람의 향기를 가슴에 품고서 익숙한 곳으로 돌아갑니다.

그 향기가 어떤 문장으로 찾아올지 당신, 궁금하지 않으세요?

— 『시와 정신』, 2020년 봄호

미로에서
길 찾기

 어떤 상태인지 알 수 없었다. 아무 생각도 하지 못하고 피동적으로 움직일 뿐이었다. 눈이 떠지면 일을 하고 기계적으로 밥을 먹었다. 피동적이란 말이 남의 힘이나 의지에 의해 움직이는 것을 뜻하는 것처럼 당시의 내 모습은 줄에 매달린 인형일 뿐이었다. 때로 사람은 그렇게 살기도 한다는 걸 알게 되었다.
 어느 날인가 가게에서 집까지 십 분 거리를 걷지 못하고 길가에 주저앉았다. 도저히 일어날 수가 없어 지나가는 택시를 잡아타고 대학병원 응급실로 갔다. 병원이라면 질색을 하는 내가 제 발로 찾아간 것이다. 몸 하나를 감당하지 못하고 내일 해야 할 일들을 못하게 되면 어쩌나 하는 두려운 마음으로 의사를 만났다.

의사의 진단은 간단했다.

"무슨 일을 하시나요? 쉽게 말해, 자동차에 비유하자면 사모님은 엔꼬 당한 것입니다. 이제 무조건 쉬셔야 합니다."

대학병원 의사가 사람을 자동차에 비유해 말하는 것이 우스웠다. 쉴 수 있다면 참 좋겠다는 대답을 하고 별다른 치료나 약도 없이 집으로 돌아왔다. 그 뒤로도 수시로 쉬라는 말을 들으며 여전히 집과 가게를 기계처럼 오가며 일을 했다. 어느 날 몸이 완전히 백기를 들 때까지 몇 년을 더 미련하게 지냈다.

오래도록 은밀하게 바라던 것이 있다. 죽지 않을 만큼 큰 병에 걸려서 입원이라도 하기를 바랐다. 어지간한 병으로는 입원은커녕 병원조차 가지 않을 게 분명하니 적당히 치료하면 나을 만한 그런 병에 걸리길 바란 것이다. 그러지 않고는 내가 일에서 놓여날 수 없다는 걸 알기에 마음으로 간절히 바란 것이다. 남편을 비롯해 시댁 식구들은 유난히 건강체질인지라 약한 사람을 이해하지 못한다. 도대체 왜 매일 피곤해하는지 알 수가 없다는 가족들 사이에서 난 할 말이 없다. 그저 그들과 다른 내가 문제가 있으려니 생각할 뿐이었다.

이제 나는 일은커녕 일상생활에서조차 많은 것을 조심해야 한다. 몸은 그냥 자동으로 따라오는 부속품이 아니었다. 기계도 오래 쓰면 고장이 나고 수리가 필요한데 사람도 그렇다는 것을 무시하고 있었다. 그리 쉽게 부서질 줄 몰랐다. 아니, 알았지만 식구들에게 받아들여지지 않는 것이기에 그냥 체념하고 있었다. 그저 눈에 드러나는 의사의 진단이 있어서 쉴 수 있기를 바랐을 뿐이다.

난 자신을 사랑하지 않았다. 좀 더 강하게 표현하고 감당하지 못 할 일에서 놓여날 방법을 찾아야만 했는데 그러지 않았다. 다수가 옳다고 하는 일에 혼자만 아니라고 말할 용기가 없었다. 그렇게 하기 위해 생기는 불협화음이 싫고 감당하기 귀찮아서 그냥 내버려두고 살아온 것이다.

그 결과 요즘 몸과 마음이 '따로'가 아닌 하나라는 것을 경험하고 있다. 애초에 하지 않으면 좋을 경험이지만 이제라도 알게 되었으니 다행인지도 모른다. 좀 더 일찍 용기를 내지 못하고 질질 끌려가듯 살아온 시간을 후회하고 있다. 한 가지 아쉬운 점은 입원하지 못한 것이다. 겉으로 보기에 멀쩡하게 돌아다니는 모습인지라 여전히 가족들은 이해하지 못하고 있다. 수시로 언제까지 쉴 거냐고 묻는 가족에게 지금 상태를 얘기하지만 입원도 하지 않고 겉으로 이상이 보이지 않는 나는 게으른 사람일 뿐이다.

난 요즘 가족들 앞에서 말이 없다. 아무리 얘기해도 받아들여지지 않고 이해하지 못하기에 이제는 입을 다물고 혼자 병원에 가고 치료를 하면서 지내고 있는 것이다. 빠르게 돌아가는 사회의 톱니바퀴에서 살짝 비켜서서 많은 생각을 하며 지낸다. 일하는 동안 생각 없이 지냈던 시간에 앙갚음이라도 하려는지 온갖 생각들이 꼬리를 물고 찾아온다.

난 지금 지난날 포기하고 잃어버렸던 길을 다시 찾아내려고 하는 중이다.

- 테마가 있는 에세이 『일상으로의 초대』, 2020년 12월

나의
소풍

아침 일찍 친구에게서 문자가 왔다. 고등학교 동창들과 골프도 치고 맛있는 음식을 먹으러 간다고 한다. 해마다 한두 번 정기적으로 모이는 친구들이라며 이해관계 없이 편한 사이라 여행 가는 게 즐겁다고 말한다. 작년에는 코로나 때문에 미루다가 올해 가게 되었다며 신이 나서 말한다.

친구는 요즘 젊은이들 표현을 빌리면 남자 사람 친구다. 사회에서 알게 되어 친하게 지내는 사이다. 동갑인데다 어린 시절을 같은 지역에서 생활한 경험이 있어서 이야기를 나누면 편하다. 내가 여행 경험이 적다는 걸 잘 아는 친구는 어디를 가든지 보고하듯이 사진을 찍어 보내면서 자신의 경험을 나눠주려고 한다.

저녁 무렵, 친구에게서 고등학교 동창들이어서 그런지 편하다는 문자와 함께 여럿이 숙소에서 환하게 웃는 사진을 보내왔다. 사진 속에서 남자들 여러 명이 즐겁게 웃는 모습을 보니 이유 없이 나도 기분이 좋았다. 난 그런 경험을 해 본 적이 없어서 기분이 어떤지 모르지만 좋아 보인다고 답해 주었다. 무심코, 다시 태어난다면 남자로 태어나고 싶다는 말이 튀어나왔다. 그러자 친구가 말하길 다시 태어나 남자가 된다면 고등학교 동창하자고 한다. 그러자고 하면서 재미있게 지내라고 하면서 문자를 끝냈다.

문자가 끝난 뒤 문득 소풍을 가본 적이 없다는 생각이 들었다. 초등학교 때 소풍가는 날이면 혼자 뒷산에 올라 돌아다니곤 했다. 소풍 간다는 말을 하면 술에 취한 아버지는 상관도 안하시고 어머니는 돈 없다면서 소풍에 필요한 차비를 주지 않으셨다. 학년이 다른 남동생의 소풍날이면 돈을 주시면서 내가 소풍가는 날에는 번번이 없다는 것이 속상했다. 속상한 마음과 친구들과 어울리지 못하는 서운함을 관악산을 오르내리며 달래곤 했다.

오월의 햇살이 반짝이는 소풍 철이 되면 마법의 순간이 온다. 관악산 밑자락에 자리한 남루한 판자촌이 잠시나마 향기로 감싸인다. 온 동네를 다 덮을 정도로 사방에 아카시아 꽃이 피어나기 때문이다. 아카시아 꽃을 따 먹으며 향기에 취해 꿈을 꾸곤 했다.

어리고 마음 기댈 곳 없던 나는 산길을 자주 돌아다녔다. 풀밭에 누워 책을 읽으며 공상에 잠기다가 잠이 들기도 했다. 가끔은 깊이 잠들었다가 밤이 된 적도 있었다. 어두운 밤이 되어도 무섭지 않았다. 달빛이 포근하게 감싸주었기 때문이다. 발길을 옮기며 아래를 내려다보면 하루 종일 달동네를 채우던 악다구니는 사라지고 없었다. 집집마다 희미하게 켜진 불빛이 마치 별이 하나 둘 내려 앉아 있는 것처럼 보였다. 어쩐지 평화롭게 보여 꿈이라면 깨지 않기를 바라며 집으로 향하곤 했다.

초등학교 소풍은 대부분 시내버스 한 번 타는 곳으로 갔다. 중·고등학교는 좀 더 멀리 일박 이일이나 이박 삼일을 가기도 한다. 근래에는 제주도나 해외에도 가지만 그 시절은 대부분 경주로 갔다. 애석하게도 초등학교를 끝으로 나의 학창시절은 이어지지 않았기에 수학여행을 간 적이 없다. 나의 학창시절은 초등학교 육학년 겨울방학을 기점으로 끝났다. 그해 겨울, 졸업식도 참석하지 못하고 남의 집 가정부로 일을 시작했기 때문이다.

항상 술에 취해 살던 아버지가 하루는 멀쩡한 얼굴로 나를 불러 앉혔다. 부잣집에서 집안일을 도와줄 사람이 필요하다며 나중에 학교 보내준다고 하니 말 잘 듣고 있으라고 했다. 학교 보내준다는 말을 철썩같이 믿고 어린 나이에 가정부로 들어갔다. 알고 보니 학교 보내준다는 말은 아버지의 허언이었다. 단지 주인 여자가 용돈 보내준다는 말에 아버지가 나를 보내기 위해 한 거짓말이었다. 그날부터 나의 일상은 언제나 일이었다. 먹고 자는 시간을 제외하고 일에 매여 살았다.

그런 이유로 남들 다 가봤다는 경주를 난 작년에야 보았다. 재작년에 친구가 사진으로 보내 준 연꽃을 보고 한눈에 반했다. 그때까지만 해도 사월 초파일이 되면 거리에 매달려 있던 연등이 실제로 있는 꽃을 본떠서 만들었다는 생각은 하지 못했었다. 사진 속에서 고고한 자태를 뽐내는 연꽃을 실제로 보고 싶었다.

사진을 보내 준 친구에게 연꽃 보러 가려면 어디로 가야 하냐고 물었다. 연꽃 하면 부여 궁남지가 제일 좋다는 말에 멀미가 심해서 버스를 잘 못 탄다고 말했다. 그러자 경주로 가라고 하면서 기차로 갈 수 있다고 알려준다. 예전에 수학여행 가봤겠지만 지금은 또 다른 느낌일 거라는 친구의 말에 경주에 가본 적 없다고 하니 깜짝 놀란다. 친구는 학교를 제대로 다니지 않았다는 내 말을 실감하지 못했는데 이제 확실히 알겠다면서 경주에 꼭 가 보라고 했다.

드디어 경주에 가는 날이다. 사실 여행이라곤 해본 적 없는데다 혼자서 어딘가를 가는 것도 처음이라 두려운 마음으로 출발했다. 걷기에는 힘드니 자전거를 빌려 타고 가라는 친구의 말을 새기며 경주에 도착했다. 역 근처에서 자전거 빌리는 곳을 찾앉는데 본격적인 관광 시즌이 아니라서 그런지 문이 잠겨 있었다. 결국 자전거는 빌리지 못하고 안내소에서 방향을 물은 뒤 걷기 시작했다. 경주는 책 속에 나오는 옛 도시를 그대로 옮겨 놓은 듯 고즈넉했다.

햇볕은 따갑고 길을 묻고 싶어도 사람 하나 보이지 않았다. 그늘조차 드물어 터벅이며 걷다보니 문득 내가 걸어온 인생길이 이러진 않았을까 싶었다. 남다른 부모를 만나 평생 동안 안내자 하나 없이 두려워하며 혼자 걸었다. 아무리 둘러봐도 의지할 사람 하나 찾지 못해 책 속에서 길을 묻곤 했다. 책을 통해 위로 받고 책 속의 주인공과 사랑을 나누며 성장했다. 사막처럼 황량한 환경에서 책마저 가까이하지 않았다면 난 어떤 사람이 되었을까 상상해 본다.

사람이 죽으란 법은 없다는 옛말이 아주 틀린 말은 아닌가보다. 비록 혼자 걸어온 길이지만 크게 어긋나지 않고 잘 살아온 것은 모두 책을 가까이한 덕분이지 싶다. 천상병 시인은 「이 세상 소풍 끝나는 날 아름다웠다고 말하리라」라고 표현했다. 나 역시 언젠가는 인생 소풍길이 아름다웠다고 말할 수 있기를 바라며 경주의 고요한 거리를 걸었다.

저만치 앞에 하늘 향해 기도하는 하얀 연꽃이 보인다.

― 테마가 있는 에세이, 『안부』, 2021년 12월

봄

'어머나 세상에! 저 녀석 저기서 뭐 하고 있는 거야?'

꽃잎을 정신없이 먹는 녀석을 보는 순간 깜짝 놀랐다. 조그만 입으로 제 입보다 큰 꽃잎을 낚아채 순식간에 삼키는 걸 보면서 홀딱 반하고 말았다. 부럽다, 너무 부러워서 배가 아플 지경이다. 목련꽃잎은 어떤 맛일까? 새콤할까, 달콤할까, 그도 아니면 떫은맛? 나도 나란히 앉아 꽃잎을 먹고 싶다. 그럴 수만 있다면 꽃잎 맛이야 아무려면 어떤가, 나무 위에서 녀석처럼 꽃잎에 탐닉하고 싶다. 혹시라도 녀석이 함께 있는 걸 싫어한다면 멀찌감치 앉아 꽃잎을 먹고 싶다.

십여 년 전, 허리에 닿을락 말락 하던 목련나무가 어느새 3층 높이까지 자랐다. 좀 거리가 있어 손으로 만지지는 못하지만 창문을 열면 목련꽃 향기가 난분분하다. 봄바람이 불면서, 겨우내 꽃눈 상태로 매달려 있던 목련꽃이 하루가 다르게 변하고 있는 봄날이다. 두꺼운 털북숭이 속에서 봄소식은 어찌 들었는지, 하얀 부리 같은 꽃잎이 삐죽 고개를 내밀더니 속살을 드러내기 시작했다. 겨울옷을 벗어던지고 나날이 변해가는 목련꽃이 궁금해서 틈만 나면 창문 밖을 내다보다가 녀석을 보았다.

시끄럽기로 치자면 타의 추종을 불허하는 직박구리 한 마리가 조용히 목련나무에 앉아 있었다. 고개를 갸웃거리며 뭔가 궁리하는 것처럼 보였다. 얼결에 나도 숨을 죽이고 조용히 지켜보았다. 잠시 후 녀석은 목련꽃잎을 따먹기 시작했다. 나는 내 눈을 의심했다. 새들은 벌레나 곤충을 잡아먹는 줄 알았는데 꽃잎을 먹다니, 그것도 한두 장이 아니라 꽤 많은 양이다. 이제 막 피어나는 하얀 목련꽃잎이 새의 부리 속으로 쏙 사라지는 모습이 신기했다. 어찌나 맛있게 먹는지 나도 목련꽃잎을 맛보고 싶다고 생각하는 순간 날개를 푸드덕거리며 날아간다. 가뭇없이 사라진 녀석이 아쉬워 목을 길게 빼고 마냥 하늘바라기를 했다.

문득, 어지간히 철이 없다는 생각이 들었다. 반백의 머리가 되어서도 여전히 철들지 않은 아이처럼 행동하고 있으니 말이다. 철없이 굴지 말라는 말을 입에 달고 사셨던 부모님이 지금 모습을 본다면 크게 화를 내실지도 모르겠다. 난 실제로 어린아이였을 때는 노인처럼 생각하고 행동해야 했다. 어머니 아버지의 마음에 들고 사랑받고 싶은 욕구는 내게 아이답게 사는 시간을 허락하지 않았다.

부모님은 꿈을 찾고 행복을 추구하는 것은 철없는 행동이라며 내게 아이처럼 굴지 말라고 했다. 배우지 못하고 가진 것 없는 가난뱅이는 그런 쓸데없는 생각을 하면 안 된다며 부지런히 일하는 게 인생의 전부라고 말했다. 만약 다른 생각을 한다면 그건 철딱서니 없는 짓에 불과하다고 했다. 또래 친구와는 다른 환경과 부모님의 요구가 이해할 수 없었고 때로 부당하다고 생각했지만 따를 수밖에 없었다. 나를 낳아준 하늘 같은 부모님이 이르는 말이었으니까. 철없이 굴지 말라는 말은 내 삶의 지침이 되었다.

태생부터 철이 없어 그런지 모르지만 난 결혼 전이나 결혼 후에도 가족들에게 별나다는 말을 많이 들었다.

"넌 참 별나다. 남들도 그렇게 살아. 그만큼 살고도 아직 철이 없으니 언제 철들래?"

정말 남들도 그렇게 사는 것일까? 아침부터 밤까지 일하고, 꿈 따위는 생각하지 않고, 오로지 돈을 벌기 위한 것만이 인생의 전부일까? 그럼 음악을 연주하고, 그림을 그리고, 사진을 찍고, 꿈을 꾸는 저들은 무엇인가? 그런 나의 의문에 가족들은 말했다.

"그건 우리 같은 사람과는 다른 세상이야. 우린 이렇게 살라고 태어난 거야."

그 말을 믿었고 나쁘지 않다고 생각했다. 하지만 끊임없이 자신을 죽이고 남의 뜻에 맞춰 사는 건 이정표 없는 길을 걷는 것처럼 방황할 수밖에 없다. 난 한시도 쉬지 않고 일하면서 내 주변 사람들을 행복하게 하려고 노력했다. 가족들이 나에게 그것만이 제대로 된 삶이라고 말했기 때문이다. 그럴 때마다 끄덕이며 괜찮은 척 했지만 여전히 가슴속 답답함은 사라지지 않았다.

꽃이라면 땅바닥에 납작 엎드린 민들레가 전부인 줄 알았다. 고개 숙이고 걷다가 새소리 들리면 잠시 하늘 보고 두리번거리지만 그마저도 금세 포기할 정도로 내 머리는 땅에 익숙해 있었다. 그렇게 하늘 보기를 잊고 반백의 나이를 지났다. 그랬던 내가 나이를 거꾸로 먹기 시작했다. 영화 『벤자민 버튼의 시간은 거꾸로 간다』에 나오는 주인공처럼 말이다.

나는 요즘 말랑말랑하게 변해가는 중이다. 주변의 요구에 맞추면서 어른인 양 몸에 힘주던 나를 풀어주었다. 하늘바라기를 즐기고 발가락이 꼼지락거리면 산과 바다를 찾아 나선다. 멀리 가지 못할 때는 동네 한 바퀴 돌면서 작은 여행을 한다. 비 내리는 날은 빗방울을 만나러간다. 햇살이 좋아서, 날이 흐려서, 바람이 불어서 좋다. 아무에게도 인정받지 못하고 나조차도 인정하지 않았던 내 안의 어린아이를 풀어주고 나니 들숨날숨이 편안하다. 공연히 웃을 일이 많아졌다. 이 아침 목련꽃을 뜯어먹는 직박구리를 보면서 말랑말랑한 봄날을 즐긴다.

그녀는
이별 중

    핑계는 언제나 나를 따라다녔다. 가난한 집 맏딸로 태어나는 순간부터 그것은 단짝이 되었다. 하고 싶은 것들은 모두 나중으로 미루었다. 지금은 때가 아니라는 말만 곱씹으며 시간을 지나왔다. 집안을 돌보기 위해, 하고 싶은 공부는 핑계의 품에 묻어두어야 했다. 친구의 목덜미에서 하얗게 빛나는 교복 칼라는 밤하늘의 별처럼 멀기만 했다. 틈만 나면 낯선 운동장을 배회하며 교실 안을 훔쳐보았다. 아무도 없는 텅 빈 교실에 들어가 책상을 쓸어보고 의자에 앉아 칠판을 바라보곤 했다.

    새벽이면 골목길을 돌아 일터로 향했다. 내키지 않는 곳을 향하면서 입을 앙다물고 다짐했다. 반드시 어른이 되면 공부하겠다는 다짐을 발자국마다 심었다. 손에는 언제나 책이 들려 있었다. 길을 걸으며 책을 읽다가 넘어지는 일도 다반사였다. '캔디'나 '주디', 『갈매기의 꿈』에 나오는 '조나단' 등을 만나면서 꿈을 잊지 않으려고 노력했다.

가족을 돌보는 일은 끝이 없었고 나는 지쳐갔다. 그래서였다, 나를 사랑한다는 남자를 만나 도망치듯 결혼했다. 잠시나마 혼자 지탱하던 짐을 나눌 수 있을지 모른다는 생각을 했지만 착각에 불과했다. 이젠 친정 식구뿐만 아니라 새로운 가족까지 무게를 더했다. 변함없이 이른 새벽부터 밤까지 일했다. 결혼하기 전보다 더 시간을 쪼개며 지내야 했다.

아이들이 생기면서 꿈은 더 멀어졌다. 표현하지 않았지만 내가 하지 못한 공부를 아들딸이 대신 해주기를 바랐다. 하지만 내가 그렇게 하고 싶은 공부가 아이들에게는 관심 없는 일이라는 걸 금세 알게 되었다. 서운했지만 저마다의 꿈이 다른 것을 어쩌겠는가…….

한동안 슈퍼마켓을 운영하면서 손님을 기다리며 지냈다. 가난한 살림에 아이들을 키우기 위한 생계수단이었다. 아침부터 저녁까지 정신없이 바쁜 와중에도 틈틈이 책을 읽었다. 일주일에 한 번씩 책을 빌리러 근처에 있는 공공도서관에 갔다. 이층 열람실에 올라가면 사람들이 책에 몰두해 있는 것을 볼 수 있었다. 그 모습이 어찌나 부럽던지 나도 그들 중 한 사람이 되고 싶었다. 여전히 꿈은 사라지지 않고 가슴속에서 숨 쉬고 있었다. 물론 아직은 때가 아니라는 핑계도 함께 자리하고 있었다.

핑계만 대는 나를 조물주는 더 이상 두고 볼 수 없었나보다. 극단의 처방이 내려졌다. 눈에 이상이 온 것이다. 이미 시신경이 많이 죽었다는 의사의 말을 듣는 순간의 암담함을 어떻게 표현할까. 그 날 이후부터 실명시기를 늦추기 위한 치료를 받고 있다. 사람이 나이 들어 병이 드는 건 자연스런 현상이다. 익히 잘 알면서도 결코 반갑지 않은 그 사건이, 나로 하여금 지난날들을 돌아보게 하는 계기가 되었다.

살아오는 동안 하고 싶은 것들을 미루기만 했다. 숱한 변명들을 늘어놓으며 나의 나약함을 감추었다. 교묘하게 용기 없음을 감추고 남의 탓을 하면서 지내온 날들이 눈앞에 펼쳐진다. 어쩌면 조금 더 어려울 수도 있는 길이기에 지레 겁을 내고 피한 것이다. 남을 핑계로 삼는 한, 일이 잘못되어도 내 책임이 아니라는 것을 이용한 것이다, 아버지, 어머니, 남동생, 시어머니, 남편, 자식을 방패막이로 삼는 한 나는 착한 사람이면서 없어서는 안 될 필요한 사람이었다.

계집애라며 쓸모없는 취급을 당했던 내가 누군가에게 쓸모 있는 사람이 되는 게 기분 좋았다. 착한사람이라는 말은 묘하게 중독성이 있어 마약처럼 빠져들게 했다. 착한사람으로 지낸 날들이 분명 잘못은 아니다. 잘못이라면 다른 사람의 욕구를 채우기 위해 노력하는 만큼 내 욕구도 채워야 하는 걸 잊어버린 것뿐이다. 작은 소녀가 어른이 되기까지 정작 자신은 내버려두고 엉뚱하게 다른 사람의 인생만 챙긴 것이다. 착한사람이란 이미지에 중독되어 먼 길을 돌았다.

내 꿈을 내버려두고 다른 사람의 꿈을 키우는 동안 수시로 가슴에 찬바람이 불었다. 나로 인해 다른 사람이 꿈을 이루는 순간은 기뻤지만 그 기쁨이 오래 지속되지 않았다. 꿈이라는 것은 억누른다고 해서 없어지는 게 아니었나보다. 이제야 겨우 다른 사람에게 향하던 시선을 내게로 돌리기 시작했다. 오랫동안 그림자처럼 따라다니던 핑계가 슬며시 몸을 세운다.

이봐, 친구 정신 차리시지. 넌 지금 환자야, 그것도 조만간 장님이 될지도 모르는 환자. 그런데 공부를 한다고, 지금 공부해서 뭐하려고? 네 나이가 몇인지 알기나 하니? 어쩌자고 너는 평생 철이 안 드는지 모르겠다. 그런 힘 빠지는 일 그만하고 여행이나 다녀. 그동안 일한답시고 해외는 고사하고 국내 여행도 제대로 한 적 없잖아. 이제 몸이나 돌보면서 편하게 살아. 알았지!

귓가에서 핑계가 속삭이지 않아도 잘 안다. 늦은 나이에 공부해서 이루고자 하는 것이 뭐냐 물으면 딱히 할 말은 없다. 어쩌면 지난 날 하지 못한 것에 대한 한풀이에 불과할지도 모른다. 그럼에도 난 공부하는 순간이 즐겁다. 모르던 것을 새로이 알게 되는 것이 좋다. 비록 바라던 교복을 입고 학우들과 함께 하는 공부는 아니지만, 책을 들여다보고 답을 찾으려고 노력하는 이 순간이 행복하다. 좀 더 일찍 시작하지 못한 게 아쉬울 뿐이다.

처음 아프기 시작할 때만 해도 어지간히 복 없는 여자란 생각을 했다. 하지만 달리 생각하면 몸이 불편해지는 바람에 일에서 놓여날 수 있었다. 덕분에 공부를 할 수 있으니 감사한 마음이 드는 건 지나친 긍정일까? 이른 새벽이면 일어나 커피 한 잔을 마시면서 궁리한다. '오늘은 어떤 책을 읽을까, 무슨 즐거운 일을 할까,' 그런 생각으로 시작하는 하루가 즐겁다.

지금 이 순간은 머뭇거리며 망설이기만 했던 내게 온 귀한 선물이다. 난 이제 핑계가 찾아와 속삭이면 망설이지 않고 대답한다.

"지금은 내 시간이야. 널 방패 삼아 버려두었던 나는 이제 여기에 없어. 난 이제 이 행복한 순간을 놓지 않을 거야."

오래전 낯선 학교에서 교실 창문을 넘겨다보던 소녀가 웃는다. 끈질기게 붙어 다니던 핑계라는 친구와 이별 중인 그녀가 환하게 웃는다.

낯선 그녀가 좋다

그녀는 힘이 좋다. 20킬로 쌀 한포를 거뜬히 든다. 여느 남자와 비교해도 뒤지지 않을 정도로 힘쓰는 일에 거침없다. 젊은 시절 힘으로 하는 일을 많이 해서 그런가보다. 여자가 남자처럼 힘쓰는 일을 하려면 배에 힘이 있어야 한다. 그녀는 배에 힘을 줘야 한다는 핑계로 식탁에 앉으면 끝까지 먹는다. 차려진 음식이 다 사라져야 수저를 놓는다. 귀한 음식을 남겨서 버리면 벌받는다는 말을 잊지 않는다. 덕분에 날씬하던 아가씨는 사라지고 펑퍼짐한 아줌마가 되었다.

그녀가 특히 좋아하는 음식은 냉면이다. 냉면이라면 사양하는 법이 없다. 사양은커녕 혼자라도 찾아먹는다. 유난히 힘든 날이면 냉면을 먹으러 간다. 누군가와 말 한마디 나누기도 피곤

한 날이면 혼자 냉면집을 찾아가는 것이다. 시원한 육수가 있는 물냉면이나 맵고 시고 달달한 양념의 비빔냉면을 시킨다. 그날의 피로가 어느 정도인지에 따라 메뉴는 달라진다. 정말 화가 나서 숨이 막힐 것 같을 때는 무조건 비빔냉면이다.

현대사회는 눈만 돌리면 사방에 맛있는 것들이 즐비하다. 뭘 먹어야 잘 먹었다고 할지 고민일 정도로 다양한 먹을거리가 있다. 이렇게 풍성한 먹을거리들이 있지만 그녀의 어린 시절은 달랐다. 베이비부머 세대인 그녀는 먹을 것이 없어 배를 곯은 적이 많다. 물론 그 시대의 대부분이 그랬지만 말이다. 평생 세 끼를 챙겨먹은 적이 없다. 어릴 때는 먹을 것이 없어서, 나중에는 일하느라 끼니를 챙길 여유가 없었다. 그 경험이 남아서인지 몰라도 먹을 것만 보면 정신없이 먹는다. 지금 안 먹으면 언제 먹을지 모르는 사람처럼 몸에 비축을 한다. 머리로는 그럴 필요 없다는 걸 알지만 텅 빈 위장은 아무리 먹어도 채워지지 않는 것이다.

잘 먹던 그녀가 어느 순간 변하기 시작했다. 가장 먼저 변한 것은 가리는 것 없이 잘 먹던 먹성이 사라졌다. 먹는 일이 전에 없이 힘들어지면서 좋아하던 냉면도 맛이 없어졌다. 살이 급격히 빠지기 시작했다. 뚱뚱하던 몸이 작은 바람에도 쓰러질 것처럼 홀쭉해졌다. 그녀 자신도 상상하지 못할 정도로 날씬해졌다. 불과 몇 달 사이에 벌어진 일이다. 체중이 갑자기 줄어드니 제 몸 가누는 일도 힘들어졌다.

　첫 아이를 가졌을 때도 흔한 입덧 한 번 없이 잘 먹던 그녀가 먹기만 하면 토할 것 같고 음식이 역겹다는 느낌을 알게 되었다. 난생 처음이었다. 어린 시절 수시로 굶주린 경험이 남긴 선물이 있다. 그건 어떤 상황이나 어떤 음식이라도 마파람에 게 눈 감추듯 하는 능력이었는데 감쪽같이 사라졌다. 살이 빠지면서 그녀의 힘도 빠지기 시작했다. 거칠 것 없이 힘쓰던 그녀가 온실 속의 화초처럼 변했다. 다른 사람이 동정하는 것을 죽기보다 싫어하는데 바라보면 절로 동정심을 불러일으킬 정도다. 금방이라도 쓰러질 것 같은 모습으로 힘든 일은 생전 해 본 적 없다는 듯 여리하게 흔들린다.

　야생의 잡초처럼 강인하던 그녀가 온실 속 화초처럼 변했다. 몸에 두른 두꺼운 살이 사라지면서 숨어 있던 마음에 고삐가 풀렸나보다. 꼭꼭 숨겨왔던 여린 마음이 바깥바람을 쐬더니 정신을 못 차린다. 이리저리 뒤뚱거리다 겨우 정신을 차려보니 지금까지의 그녀와는 너무나 다른 사람이 하나 서 있다. 마치 다른 세계에서 온 이방인처럼 모든 것이 생경스럽다.

　하긴 경우는 다르지만 전에도 이방인이라는 느낌은 여러 번 있었다. 공장 노동자로 살면서 자신의 삶만 알다가 처음 장애인 공동체에 갔을 때, 결혼해서 남편의 식구들과 너무나 다른 생각

차이로 물에 뜬 기름처럼 지낼 때, 가슴으로 낳은 아이를 받아들이면서 아이들의 깊은 어둠과 마주쳤을 때, 개미처럼 부지런한 것만으로는 한 사람의 몫을 다 한 게 아니라는 것을 알게 되었을 때 등등 이해할 수도 이해 받을 수도 없는 세상에서 그녀는 늘 이방인처럼 지냈다. 어쩌면 앞으로도 그녀는 세상에 적응하지 못할지 모른다.

그럼에도 불구하고 그녀는 멈추지 않는다. 생경스러운 자신을 보듬어 안고 세상과 끊임없이 대화하려고 한다. 수시로 걸림돌에 걸려 넘어지면서도 앞으로 나가는 걸 잊지 않는다. 고백하자면 낯설고 생소한 그녀의 모습이 싫지만은 않다. 어쩌면 꽁꽁 숨겨두었던 내면에 햇볕을 쬐어주었기 때문인지도 모른다. 이제 그녀는 다시 자기 자리를 찾아가려 한다. 야생에서 온실로, 온실에서 자연으로 자리매김을 하려 한다. 바람에 흩날려 잃어버릴 뻔했던 자신을 추스르는 중이다. 나는 낯선 그녀가 좋다.

꿈을
꿉니다

바다 끝은 어디일까요? 내가 서 있는 이곳이 시작이라고 가정한다면 말입니다. 어쩌면 이 자리가 시작이 아니라 끝일지도 모릅니다. 바다 건너 어딘가 먼 곳에 낯선 사람 하나 우뚝 서서, 바다 끝이 어디인지 궁금해 할지 모르는 일입니다. 바다가 없는 도시에서만 살아서인지 늘 바다가 그립습니다. 이 나이되도록 바쁘게 살다 이제야 조금 자유롭게 바다를 보러 다닙니다. 그런데 돌아서면 바로 바다가 그리워지는 이유가 뭔지 모르겠습니다.

가고 또 가도 다시 가고 싶은 바다입니다. 지난 한 해 동안 바다를 향해 수시로 집을 나섰습니다. 부산 해운대와 광안리, 통영, 한산도, 소매물도, 군산 선유도 등 여러 곳을 갔습니다. 대중교통을 이용해 갈 수 있는 곳은 틈나는 대로, 몸이 허락하는 한

무작정 떠났습니다. 바다에 가도 별다른 일은 하지 않습니다. 해변 가를 조금 걷거나 파도의 흐름에 눈길을 줄 뿐입니다. 파도치는 것을 보다가 돌아오면서 다시 바다에 갈 궁리를 하며 날짜를 꼽습니다. 그렇게 파도는 내 가슴을 쉬지 않고 건드립니다.

꽁냥꽁냥, 연인의 속삭임마냥 나를 부르는 소리가 귓가에서 떠나질 않습니다. 스스로 생각해도 이유를 알지 못하니, 누군가 왜 그러느냐 물어보면 할 말은 없습니다. 어느 날 남편에게 말했습니다. 난 바닷가에 집을 구해야 한다고 말입니다. 바닷가에서 파도소리 들으며 잠들고, 갈매기 울음소리에 일어나야만 살 것 같다고 말했습니다. 남편은 계속되는 바다 타령에 지쳤는지 그러라고 합니다.

이제 바닷가에 머물 곳을 구하면 되는데 선뜻 나서지 못하고 있습니다. 그건 마음 한구석에 자리한 두려움 때문입니다. 도시에서만 살아온 제가 도시의 편리함을 내려놓고 바다에서 살 수 있을지 자신이 없습니다. 어쩌면 멀리 있기에 그리운 건지도 모릅니다. 막상 바다에서 살면 파도소리에 잠 못 이루고 뒤척일지도 모릅니다. 은근한 달빛에 흔들리는 물결을 보며 도시의 네온사인을 떠올릴지도 모르는 일입니다.

직접 경험하기 전에는 알지 못합니다. 하지만 이대로 그리움이 차고 넘치면 언젠가는 실행에 옮길 수도 있겠지요. 그러기 전까지는 지금처럼 수시로 바다를 향해 떠날 수밖에 없습니다. 가슴에서 일렁이는 파도소리를 재우지 못하니 파도에 몸을 맡길 수밖에요. 덕분에 요즘 날마다 집을 짓고 있습니다. 어쩌면 파도에 휩쓸리는 모래성이 될지 모르지만 쉬지 않고 집을 짓습니다.

오십 보 정도 앞으로 걸으면 물결이 찰랑이고, 백 보 정도 뒤돌아 걸으면 엄마 젖가슴처럼 푸근한 동산이 있는 곳에 집 하나를 그립니다. 방 둘에 부엌 하나, 툇마루가 있는 작은 집이면 충분합니다. 숨 쉬는 동안 잠시 머물다 훌쩍 떠나도 아무도 탐내지 않을 소박한 집입니다. 방 하나에 앉은뱅이책상과 찻잔, 바람소리 앙앙대는 벽을 따라 듬성듬성 책 몇 권 쌓고 이부자리 한 채 놓아둡니다. 나머지 방 하나에 간혹 찾아 올 친구를 위해 구름 같은 이부자리와 낮은 다탁, 밤이면 별이 보이는 창을 만들어 주고 싶습니다. 제 집인 양 뻔질나게 들락거리는 까만 눈동자의 생쥐에게 간간이 먹을 걸 나눠줄 수 있는 여유 있다면 좋겠습니다. 나지막한 부엌엔 딱 두 사람의 식기와 찻잔 놓을 선반을 매달고 어쩌다 찾아오는 친구를 기다리렵니다.

툇마루 한 쪽에 바구니 하나 있어 옆구리에 끼고 산으로 바다로 산책을 나가고 싶습니다. 그날그날 자연이 주는 선물을 주워 담아 하루를 살 수 있다면 얼마나 좋을까요. 밤이면 달빛이 내려앉고 바닷물 찰랑이며 속삭이는 곳, 비라도 내리는 날이면 물결에 퍼지는 그리운 얼굴들을 떠올리고, 햇살 가득한 날은 반짝이는 물결 따라 마음도 두둥실 여행을 떠나겠지요. 일렁이는 물결에 어지럼증 도지면 슬며시 발길 돌려 엄마 품 같은 오솔길로 접어들지요. 낮은 곳에 자리한 이름 모를 풀꽃에 눈 맞추고 나뭇가지를 타고 흐르는 바람과 달빛에 몸을 맡기고 걸으렵니다.

누군가 내게 그런 집 하나 빌려주면 좋겠습니다. 철썩이는 파도 소리가 가까우면 가까울수록 더욱 좋겠습니다. 가진 것 없어 빌리는 삯 주지 못해도 작은 마음 그에게 보내겠습니다. 선한 인연으로 꿈을 선물한 그를 위해 아침저녁으로 기도하겠습니다. 대대손손 그의 가족이 건강하고 행복하길 빌며 틈날 때마다 화살기도를 하겠습니다. 이런 꿈을 꾸는 나는 아직 덜 자란 철부지인지도 모릅니다. 그래도 날마다 바다를 향해 꿈을 꿉니다. 정말 그런 집이 하나 있었으면 참 좋겠습니다.

바쇼 하이쿠
선집을 읽다

　책을 처음 본 순간 사야겠다고 점찍었다. 표지에 적힌 소제목, 「보이는 것 모두 꽃, 생각하는 것 모두 달」두 문장이 마음에 들었기 때문이다. 요즘 내 머리를 차지한 것들이 온통 꽃과 달이기에 주저 없이 손에 쥐었다. 처음 만나는 '바쇼'가 누구인지, 어떤 글을 썼는지 궁금해 서둘러 책을 펼치니 친절한 소개가 나온다. 소개하는 사람은 평소 좋아하는 '류시화' 작가다. 난 『바쇼 하이쿠 선집』이라는 책의 표지에 쓰인 「보이는 것 모두 꽃, 생각하는 것 모두 달」이란 문장과 '류시화'란 이름만 보고 기꺼이 지갑을 열었다.
　표지에 삿갓 쓴 나그네가 눈보라를 맞으며 몸을 낮춘 채 걷고 있다. 마치 글쓴이가 나를 향해 오는 것 같다. 1644년에 태어난 사람의 글이 2020년 내 눈에 띄기까지 얼마나 먼 길을 걸어 왔을지 상상해본다. 한 장을 넘기니 "늙은 벚나무 꽃 피었네, 노후의 추억이런가"라는 글귀가 나온다. 나도 모르게 고개를 끄덕였다. 단순하게 벚나무에 꽃이 핀 걸 묘사한 두 문장이 노년의 모습을 그대로 드러내는 것을 보면서 순식간에 그에게 빠져들었다. 벚나무를 빌려 노인의 쓸쓸하지만 담담한 자세를 표현한 것이 눈앞에 선명하게 보이는 듯했다.

난 오늘도 낯선 이에게 반해 말랑말랑한 하루를 시작한다. 책이 좋다. 돌이켜보면 아주 오래전부터 좋았다. 책을 통해 전해져 오는 낯선 향기들에 자주 사로잡히곤 했다. 가보지 못한 먼 이국의 풍경을 상상하는 것이 즐겁다. 책 속에서 꼼지락거리며 그들만의 이야기를 만드는 사람들을 그리워하며 평범한 하루들을 지탱해 왔다. 언젠가는 그들의 세계를 직접 보러 가리라 다짐하면서 현실의 고단함을 달랬다.

꿈은 꿈으로 끝날지 모른다. 처음 글쓰기를 시작할 때 50%의 시신경이 죽은 상태에서 시작했다. 삼 년째인 현재 75%의 시신경이 죽었다는 말을 들었다. 앞으로 어떻게 변할지 모르는 시력을 가지고 생활한다는 것은 맑은 가을날 느닷없이 불어 닥치는 겨울바람을 맞는 기분이다. 방심하고 웃다가 불쑥 눈가에 이슬이 맺힐 때도 있다. 오랜 시간 가슴에 품어 온 세상을 끝내 볼 수 없을지도 모른다는 사실을 인정하기 싫다. 시야가 좁아지면서 마음마저 덩달아 어둠에 잠긴다.

세상 거칠 것 없이 자신만만하던 내가 어느 순간 어린아이가 되었다. 기를 쓰고 버티던 동아줄이 툭 끊어지면 이런 느낌일까? 수시로 땅으로 곤두박질치는 나를 다루는 일이 쉽지 않다. 운명 따위는 상관없이 못 할 일이 없다고 생각했는데 갑자기 못 하는 일이 많아졌다. 언제나 타인에게 도움이 되는 삶을 살려고 노력했던 내가 남의 도움을 받는 처지가 된다는 게 달갑지 않다. 생로병사는 선택이 아님을 알면서도 나만은 예외였으면 좋았을 걸 하는 생각을 잠시 해본다. 모두 부질없는 생각이라는 걸 알면서 말이다. 그 어둠이 내게 글을 쓰게 한다.

언제 어디서나 글의 소재가 보인다. 길가에 핀 꽃 한 송이, 바람에 흔들리는 나뭇가지, 도도하게 엉덩이를 내놓고 저만치 앞에 걸어가는 고양이, 보는 순간 떠오르는 것을 쓴다. 핸드폰을 열어 자판을 톡톡 두드린다. 예전 같으면 흘려버렸을 이야기들을 가만히 써내려간다. 한 송이 꽃을 보는 순간을 표현하고, 어두운 하늘에 떠오른 달빛을 적어 넣는다. 마음의 굴곡을 여과 없이 쓱쓱 그려나가노라면 잠시나마 편안해진다.

하루의 시작과 끝에 쓸거리를 생각하고 생각난 것을 정리하면서 지낸다. 눈이 피곤해지면 잠시 산책을 나간다. 짧은 순간이나마 피어나기 위해 오랜 순간 움츠리고 어둠을 이겨냈을 꽃들을 본다. 열매를 맺고 씨앗을 퍼트리기 위해 죽을힘을 다해 웃고 있는 꽃들이 내게 말한다.

"별거 아니야, 그냥 웃으면 돼. 웃다보면 너를 이어주는 뭔가가 세상에 남아 있을 테니 실망하지 마." 그런 속삭임이 들리는 건 착각일지도 모른다.

한때는 밤마다 달을 친구 삼아 걷곤 했다. 늦은 밤, 일을 마치고 집으로 돌아갈 때면 하얀 달빛이 가로등처럼 비치곤 했다. 일하느라고 친구 하나 없었지만 달빛이 함께여서 좋았다. 눈이 어두워지면서 밤 외출은 여간해선 할 수 없는 일 중 하나가 되었다. 좋아하는 책도 마음대로 못 보고 달빛 나들이도 제대로 못하지만 쓸 수 있다는 사실이 기쁘다. 바쇼의 책을 다시 바라본다. 「보이는 것 모두 꽃, 생각하는 것 모두 달」이라며 먼 옛날의 그가 내게 다가와 말하는 것 같다.

- 테마가 있는 이야기, 『일상으로의 초대』, 2020년 12월

내가 글을 **쓰**는 이유

　당신은 추억과 기억의 차이점을 아시나요? 사전에 보면 추억은 지난 일을 돌이켜 생각하고, 기억은 과거의 사물에 대한 것이나 지식 따위를 머릿속에 새겨두어 보존하거나 되살려 생각해내는 것이라 합니다. 사전적 의미야 그럴망정 전 제 마음대로 추억은 곱씹고 싶은 아름다움, 기억은 단지 마음에 새겨진 흔적이라고 생각합니다.

　제게는 기억의 공백이 군데군데 있습니다. 마치 어떤 사고라도 당해 기억상실증에 걸린 것처럼 어린 시절의 몇 년간이 텅 비어있습니다. 어쩌면 특별한 부모를 만나 유난스런 일들을 겪으면서 늘 잊으려고 노력한 때문인지도 모릅니다. 가끔은 잃어버린 기억이 마음에 걸립니다. 언젠가 상담심리에 대한 공부를 할 때, 잃어버린 기억을 찾아 정리해야만 한다는 말을 들었습니다. 그래야 자신의 삶을 똑바로 살 수 있다고 하면서요. 그 말을 들은 뒤 한동안 기억을 되살려보려고 노력한 적이 있습니다. 하지만 오래전에 먼 길 떠난 기억은 돌아오지 않았고 몸과 마음이 많이 힘들었습니다. 결국 현실에 집중하면서 지난 일은 생각하지 않기로 결정했습니다. 그랬던 제가 글을 쓰기 시작하면서 달라졌습니다.

때때로 사금파리 같은 기억들이 고개를 내밀면 가만히 들여다봅니다. 아름다운 추억보다는 잊고 싶은 기억이 더 많이 치고 올라와 길을 잃을 때도 있습니다. 그래서 나름의 규칙을 정했습니다. 어떤 기억이 떠오르면 이건 추억일까 아니면 기억일까 생각해봅니다. 추억이라면 흘러나오는 대로 읊조리지만 기억일 때는 어두운 숲속에서 길을 잃지 않기 위해 긴장하곤 합니다.

처음 글을 쓰게 된 동기는 페이스북입니다. 글을 쓴다는 게 뭔지조차 모르던 때였습니다. 갑자기 몸이 아파 일을 못하게 되면서 넋두리를 하기 시작했습니다. 서툴고 두서없이 쓴 글에 얼굴도 모르는 낯선 사람들이 위로하며 힘을 실어 주었습니다.

가슴 속 이야기들을 거침없이 쏟아냈습니다. 평생 한 말보다 더 많은 것들이 글로 쏟아졌습니다. 애초 글을 잘 쓰고 못 쓰는 것의 차이도 모르니 떠오르는 대로 썼습니다. 사실 글이라고 하기보다는 가슴 속에서 속살거리는 말들을 끄집어내어 바깥 공기를 쐬게 해 줄 뿐이었습니다. 오래 묵은 잡동사니들을 햇살 아래 늘어놓으니 어찌나 추레하던지 지금 생각하면 부끄러울 뿐이지만 당시에는 그런 생각도 하지 못했습니다.

나이 든 사람에게 좋았던 시절이 언제냐고 질문하면 대부분 파릇하게 생기 있던 청춘 시절을 꼽습니다. 가능하다면 그 시절로 돌아가고 싶다면서요. 하지만 저는 아무리 생각해봐도 돌아가고 싶은 순간이 없습니다. 돌아가고 싶을 정도로 아름다운 추억이 없기 때문입니다. 제게 지난 시간들은 지우고 싶을 정도로 살아남기 위해 안간힘 쓰던 기억뿐입니다. 아프고 시린 기억들이 켜켜이 제 몸 안에 쌓여 있습니다. 창고 세일이라도 해서 처분하고 싶은 기억들이 득시글합니다. 물론 원하는 사람은 없겠지만 말입니다.

글을 쓰기 위해 오랜 기억들을 끄집어내는 작업은 지난합니다. 자칫 감정을 추스르지 못해 며칠씩 우울하기도 합니다. 그럼에도 열심히 꺼낼 수밖에 없는 이유는 글이 가진 힘을 알게 되었기 때문입니다. 제게 글은 힘입니다. 남의 글을 읽으면서 미처 모르던 것을 알게 되고 때로는 위로를 받습니다. 무엇보다도 제 자신이 치유를 받습니다. 이왕이면 군더더기 없이 잘 쓰인 글이면 좋겠지만 그렇지 않은 글도 누군가에게는 위로가 된다는 것을 알게 되었습니다. 이년 전, 제가 낯선 사람들을 향해 썼던 서툰 글로 위로를 받았듯이 말입니다.

세상엔 글을 잘 쓰는 사람이 사막의 모래알만큼 많습니다. 전 제대로 된 교육을 받은 적이 없기에 글을 잘 쓰진 못합니다. 그럼에도 이제는 글 쓰는 일을 멈출 수 없습니다. 글쓰기의 마법에 홀렸기 때문입니다.

글을 쓰기 시작하면서 부족한 저를 자주 만납니다. 변명이라면 입 하나 거두는 일이 녹록치 않아서였지만 언제까지나 핑계만 댈 수는 없는 일입니다. 궁리 끝에 하루도 쉬지 않고 글을 쓰기로 다짐했습니다. 쉬지 않고 쓰다 보면 형편없는 글이 조금은 나아지겠지 하는 기대를 안고 말입니다. 날마다 하나라도 배우고 익혀 조금 더 나은 글을 쓰려고 노력하는 중입니다. 지금까지 저를 채운 시간들이 기억이었다면 기억들을 딛고 일어나 간직하고 싶은 추억으로 만들고 싶습니다.

프리
마돈나

소프라노 신영옥, 무대에 선 그녀가 아름답다. 데뷔 30주년 콘서트라던데 서른 살 기념 콘서트를 잘못 들은 것은 아닐까 의심스럽다. 화려한 조명을 받으며 별처럼 반짝이는 그녀가 나보다 연상이라니 믿기지 않는다. 의자에 몸을 맡기고 알지 못하는 노래를 들으면서 점차 그녀의 열정에 빠져드는 나를 본다. 프리마돈나에 어울리는 몸놀림과 음색에 모두 숨을 죽인다. 공연이 끝나 갈 무렵 아버지가 좋아하는 노래라며 「한계령」을 열창하니 객석이 들썩거린다. 공연 내내 낯선 언어로 하던 곡들이 끝나고 한국말로 된 노래를 들으니 더욱 마음에 와닿는다.

"아버지 어디 계세요? 아버지는 평생 제 무대를 지켜보셨어요. 올해 91세 되십니다. 이제 연세가 드셨으니 오시지 마시라고 했지만 아마도 와 계실 거예요. 아버지는 딸인 제가 너무 예뻐서 이름으로 부르지 않고 지금도 '이쁜이'라고 부르신답니다."

객석 중앙에서 노인 한 분이 일어나시는데 91세의 나이가 믿기지 않을 정도로 정정하시다. 막내딸의 무대를 항상 지켜본다는 아버지의 모습이 궁금해서 자세히 쳐다보았다. 딸을 평생 '이쁜이'라고 부르신다는 그분이 인사를 하고 자리에 앉으신다. 앙코르 곡이 꿈결처럼 퍼져 나간다. 너무 예뻐서 이름을 부르지 않았다는 아버지를 둔 그녀의 말에 나는 타임머신을 탄다.

그녀처럼 나도 이름이 불리지 않았던 때가 있었다. 그녀와 경우는 다르지만 내 이름 석 자 역시 불리지 않았다. 어린 시절부터 다 자란 성인이 될 때까지 나는 계집애였다. 이래도 계집애, 저래도 계집애. 친구들과의 어울림조차 없었던 나는 초등학교에 들어갈 때에야 이름을 알았을 정도로 계집애로만 불렸다. 내내 계집애라고 불리며 비바람 휘몰아치는 거리를 총총거리며 걸어 다녔다. 돌부리에 걸려 넘어지고 무릎이 깨져 피가 나도, 정신없이 앞만 보고 다녔다. 언젠가 한 번은 제대로 이름이 불리기를 바라면서……

바람 많은 길을 지나 흰머리가 생길 무렵 가슴에 이름표를 달았다. 내 이름 석 자가 불빛을 받아 반짝인다. 초등학교 마지막 겨울방학이 시작하자마자 공장으로 출근하는 바람에 졸업장조차 받지 못했던 내가 문학단체에서 상장을 받게 된 것이다. 난생 처음 단상에 서서 마이크를 들고 떨리는 가슴을 애써 누른다. 더듬더듬 감사 인사를 전하고 서둘러 내려오다가 하마터면 넘어질 뻔했다. 많은 사람들이 시인이 되고 작가가 되는 세상에서 신인상 하나 받으면서 세상을 다 얻은 것 같았다. 무엇보다도 마침내 이름 석 자가 불린 것이 좋았다. 도무지 앞이 보이지 않는 길을 미련스레 걸었던 시간들이 눈앞에 펼쳐진다.

갑작스럽게 주위가 소란해져 눈을 떴다. 단상에 선 그녀의 노래가 끝나면서 우레와 같은 박수가 쏟아지고 있었다. 문득 그녀가 저 자리에 서기까지 얼마나 많은 눈물을 흘렸을까 상상해본다. 모든 것을 다 가진 것처럼 보이지만 주어진 것을 지키고 아름답게 피우기 위해서 하루도 연습을 쉬지 않았을 것이다. 수많은 꽃들에 묻히지 않고 무대에 서기까지 잠 못 이룬 밤은 얼마나 될까. 정녕 자신의 길이 맞는지 확신하고 그 길에서 벗어나지 않으려 한 노력들은 몇 층의 탑을 쌓았을까? 세상 부러울 것 없어 보이는 그녀에게도 분명 돌부리는 있었을 것이다. 어쩌면 피를 토하는 아픔을 이겨냈을 그녀가 무대에서 빛난다.

객석에 앉은 나라는 존재를 짐작조차 못하는 그녀에게 말을 한다. '당신과 같은 모습은 아니지만 나 역시 프리마돈나야.' '난 개천에서 용이 된 프리마돈나야.' 그렇게 가만히 속삭인다.

사랑만
하고 싶다

결혼하고 아들 둘, 딸 하나를 키웠다. 남녀 구분 없이 평등한 인간이란 개념을 심어주려 했지만 쉽지 않았다. 아들은 늦게 들어와도 덜 신경 쓰이는데, 딸이 늦으면 밤잠을 설치며 기다린다. 처음에는 걱정하지만 결국 화를 내면서 모녀간 다툼으로 끝난다.

"엄마는 오빠한테는 안 그러면서 왜 나는 늦으면 안 돼?"
"넌 여자니까, 걱정되어서"라고 말하지만 스스로도 납득하지 못한다.

난 아들과 딸을 구분해 말을 다르게 하던 부모님께 불만이 많았다. 그런 남녀차별이 불합리하다는 생각 때문에 아이들을 편견 없이 키우려고 했지만, 막상 엄마가 되고 보니 제대로 하지 못했다. 아이들을 사랑하지만 책임감이 앞서서 아이들에게 따뜻한 엄마의 모습은 보여주지 못했다.

겪어보지 않은 상황을 아이에게 전하는 일이 쉽지 않았다. 여자는 부모, 남편에게 순종해야 하고 어떤 것이든 남자가 우선이라고 배웠다. 난 어린 남동생이 벗어놓은 옷을 넘어갔다고 혼이 나던 계집애였다. 그런 사고에 길들여진 내가 아이들에게 편견 없는 사고를 가르쳐야 하는 건 정말 어려운 일이었다. 아들에게는 허용하면서 딸에게는 금지하는 상황을 스스로도 납득하지 못했고 그걸 딸에게 조리 있게 설명하는 일은 더 어려웠다. 결국 할 수 있는 말이라곤 여자는 남자하고 다르니까, 세상이 험하니까 조심해야 한다는 말밖에 달리 할 말이 없었다.

인생 선배로 모범이 되기 위해 동분서주했다. 수시로 날아오는 질문에 완벽한 대답을 하려고 끊임없이 배우고 익혔다. 빠르게 변하는 세상에서 무식한 부모 때문에 아이들이 제 자리를 찾지 못할까봐 두려웠다. 모르던 것을 아이들보다 한 발 앞서 배우려고 안간힘썼다. 다행히 이제 아이들이 다 자라서 가르치는 일에 매이지 않아도 된다는 것에 안심될 정도로 열심이었다.

이제 큰아들은 먼 타국에서 나름 인정받으며 열심히 사회생활을 하고 있다. 보고 싶을 때 자유로이 보지 못해 아쉽지만 야무진 아들이니 잘하리라 믿는다. 힘들게 성장기를 보낸 딸도 서울에서 미용사로 일하고 있다. 처음 혼자 서울 간다고 할 때는 금방 포기하고 내려올 줄 알았는데 잘 지내고 있어 고마운 마음이다. 막내 역시 홀로서기를 시작했다. 난 이제 아이들에 대해 걱정하지 않아도 되는 것이다.

  내가 살아온 세상은 여자로 살기에 많이 불편했다. 누군가의 딸로 시작해 아내, 엄마, 할머니로 근무처만 바뀔 뿐 한 인간이 아닌 그림자였다. 딸이기에 가사노동을 분담하고 남자형제들의 성공을 돕는 조력자가 되어야했다. 결혼해서는 남편 그늘에서 이름 한 번 제대로 불리지 않고 그림자로 살아야했다. 똑같은 세상을 살아도 어머니와 누이의 도움을 받아 자신의 이름으로 활동을 하는 남자와는 또 다른 인생인 것이다. 분명 남자로 산다는 것 역시 만족스럽지 못할 것이다. 그러나 여자인 내 시선으로 볼 때 남자들은 비교적 자신의 이름을 당당하게 내세우며 살고 있다. 그런 세상을 살아온 나는 아이들에게 다른 세상을 알려주고 싶었다. 생각했던 만큼 만족스럽게 전달하지 못했지만 최선을 다했다.

  내가 엄마가 아니었다면, 아이들이 없었다면 그렇게까지 안간힘 쓰며 좀 더 나은 내가 되려고 노력하지 않았을 것이다. 부끄럽지 않은 부모가 된다는 것은 정말 어렵고 그 역할은 죽을 때까지 멈추지 않는다. 조만간 아이들이 결혼하고 새로운 가족이 생기면 할머니의 역할을 해야 한다. 엄마와 달리 할머니란 자리는 책임은 덜하고 사랑은 무한정으로 줄 수 있을 것 같아 마음이 좀 놓인다. 사랑만 해도 되는 날들을 기다리는 지금 이 순간이 좋다.

■ 하희경 이사벨라 수필집 해설

생에 대한 긍정에 이르는
그 가열한 **발**걸음

박진희
문학평론가, 대전대학교 교수

1. 들어가며

하희경 작가가 드디어 첫 번째 수필집 『민낯』을 상재한다. '드디어'라는 표현을 쓴 것은 작가의 습작 기간이 무척이나 길었기 때문이다. 필자가 알고 있는 것만 해도 5, 6년 정도 되니 실제 글을 써 온 기간은 그 이상일 것이다. 더욱이 작가는 매일 글을 쓴다고 했으니 기간뿐만 아니라 그 양 또한 가늠하기 어려운 정도이다. 하희경 작가는 왜 이토록 글쓰기에 매달리는 것일까. 그에게 글쓰기란 어떤 의미인지, 그의 작품세계가 함의하고 있는 것은 무엇인지 무척이나 궁금하던 터였다.

수필집 제목처럼 작가는 아무것도 덧씌워지지 않은 삶의 '민낯', 자아의 '민낯'을 글을 통해 그대로 보여주고 있다. 여기에는 자신의 삶과 내면을 있는 그대로 인식하고자 노력했던 작가의 치열한 시간들이 녹아있다. 수필집을 읽어보면 그의 삶은 고난과 상처로 점철되어 있다. 그래서 아프다. 그의 삶도, 글도. 그런데 작가의 글에서는 그러면서도 긍정적이고 역동적인 힘이 느껴진다. 아픈 것을 표현하는 것에서 그치지 않고 부단히 그것을 딛고 넘어서는 과정을 보여주기 때문일 것이다. '딛는다는 것'이 중요하다.

 작가는 그의 삶에서 아프고 부끄러운 부분을 괄호 속에 넣고 없었던 듯 넘어가지 않는다. 하나하나 밝혀 드러내고, 그것에 응전했던 자아의 내면 또한 진솔하게 들여다본다. 그런 후에 작가는 그것들과 손잡고 앞으로 한 걸음 나아간다. '딛는다는 것'은 현실을 인식하고 인정한다는 의미이다. 작가는 이러한 과정을 거쳐, 있는 그대로의 현실을 긍정하기에 이른다. 그래서일까. 수필집을 읽다 보면 자연스럽게 니체가 떠오른다.

 니체는 삶은 고통이라는 것, 인간은 불완전하다는 것을 인정하고 그것 자체로의 생을 긍정하고자 했던 철학자였다. 하희경 작가의 '민낯'을 드러내는 작업은 있는 그대로의 자신을 '인정'하는 과정에 다름 아니다. '인정'을 거쳐 '긍정'에 이르는 밀도 높은 생의 여정이 『민낯』에 그려져 있다.

2. 낙타, 사자, 어린아이

니체는 인간 정신의 3단계를 '낙타', '사자', '어린아이'로 표상한 바 있다. '낙타'는 주어진 짐을 지는 정신, 즉 복종하는 정신이다. '사자'는 기존의 일방적이고 수직적인 관계, 관습적인 인식을 파괴하는 정신이다. 기존의 가치, 관습, 규범, 관계 등에 무조건 복종하는 것이 아니라 자신의 의지로 거부하는 부정의 힘을 표상하는 것이 '사자'다. 마지막 단계인 '어린아이'는 유희하는 정신이다. 저항하고 부정하는 '사자'와는 달리 다시 순종하는 정신이라 할 수 있겠다. 그러나 외부의 힘에 복종하는 '낙타'와는 다르다. 있는 그대로의 자기 자신과 세상을 긍정한다는 의미이다. '어린아이'의 정신은 '낙타'처럼 무겁지도 않고 '사자'처럼 위험하지도 않다. 자신에게 주어진 세계를 놀이로, 예술로 창조해 내는 정신이다.

『민낯』에는 이 3단계의 정신세계가 뚜렷하게 드러나 있다. 달리 말하면 작가 자신이기도 한 수필적 자아가 정신적으로 성숙하는, 혹은 자아를 고양하는 과정이 구체적으로 드러나 있다는 의미이다.

1) 복종하는 자아, 낙타

탄생이 모체로부터의 분리라는 점에서 인간은 태어나면서

부터 무의식적 상실과 그로 인한 결핍을 내재하게 된다. 무의식적 결핍뿐 아니라, 타자와의 관계 속에서 삶을 영위해야 하는 인간은 다양한 양태의 결핍을 경험할 수밖에 없다. 그러나 하희경 작가가 경험한 결핍은 보편적인 범주를 넘어선다. 결핍의 정체가 당연히 담보되었어야 할 부모의 보살핌과 사랑이기 때문이다.

낙타의 눈물을 보면서 한 여인이 생각났다. 어쩌면 그녀도 아이를 낳기까지의 고통이 너무 심해 모성애를 잃어버린 것일까? 아이를 낳으면서 당신 인생이 막다른 곳에 몰렸다고 생각한 그녀는 원초적인 '미움'으로 아이를 대했다. 처음 만나는 순간부터 '미움'이라는 옷을 입히고 갈아입힐 생각조차 하지 않았다.

"꼴 보기 싫어 젖도 안 물렸는데 기어이 살아남더라."라는 말을 태연하게 하던 그녀도 상처받은 어미낙타였을까?

··· 중략 ···

나의 첫 기억은 '엄마' 하고 부르면 돌아보던 차디찬 얼굴이다. 어린 시절 내내 그녀의 얼음 같은 얼굴을 보고 자랐다. 그녀는 쉬지 않고 가시 돋친 말들을 쏟아냈다. 사랑받고 싶어 다가가면 뾰족한 말과 차가운 눈빛으로 나를 밀어내곤 했다. 아무리 노력해도 다가갈 수 없었다. 말간 얼굴로 다른 사람을 대하다가도 나를 볼 때면 낯빛부터 달라졌다. 미워하면서 사랑받기 위해 안간힘쓰던 어린 내가 있었다.

―「마두금 소리」

한 사람의 '첫 기억'이 "'엄마' 하고 부르면 돌아보던 차디찬 얼굴"이라니, 가장 원초적인 결핍이라 할 수 있을 터다. 작가는 "엄마 아빠의 기분에 따라 학교를 밥 먹듯이 결석하"면서 "왁자하게 노는 아이들 곁을 지나 시장에서 먹을거리를 얻어오거나 산중턱에 있는 샘물"을 날라야 했다.(「혼자 노는 아이」) 그나마도 아버지는 그가 초등학교를 졸업하자마자 중학교에 보내준다는 거짓으로 남의 집에 가정부로 보내버렸다.(「나의 소풍」) 오죽하면 "세상살이에 분하고 억울한 일을 당하면 머릿속에서 '내 부모보다는 나은 사람이잖아.', '그래도 그때보다 지금이 괜찮잖아.' 하는 소리"가 들린다고 했을까.

부모는, 특히 어머니는 아이의 온 우주이자 모든 것이다. '모든 것'으로부터의 거부는 존재 이유를 상실한 것이나 마찬가지다. 그러므로 자아가 존재 이유를 찾으려는 욕망에 사로잡히게 되는 것은 당연한 수순이라 하겠다.

사랑받고 싶은 마음은 평생 저를 따라다니는 그림자입니다. 어린 시절 부모한테 거부당한 어린아이가 아직 제 안에 있습니다. 전 그 아이에게 자주 휘둘립니다. 오랜 시간 사랑받고 싶다는 감정이, 저로 하여금 제대로 서지 못하고 타인에게 기대어 사는 기생식물로 만들었습니다. 무엇을 해도 스스로의 기준이 아니라 다른 사람이 어떻게 생각하는지가 기준이었습니다. 어떤 일을 할 때마다 제대로 했는지 다른 사람의 눈치를 보곤 했습니다. 남들과 다른 가정에서 별난 부모와 살다보니 저도 모르게 습득한 살아남기 위한 방법이었습니다.

―「세 가지 소원」

자아가 자신의 존재 이유를 타인에게서 찾으려 할 때 이 욕망은 자아를 구속한다. 자아가 자신의 주인으로 서지 못하고 타인을 그 주인의 자리에 앉히게 된다는 의미다. "사랑받고 싶은 마음은 평생 저를 따라다니는 그림자"였다는 것, "사랑받고 싶다는 감정이, 저로 하여금 제대로 서지 못하고 타인에게 기대어 사는 기생식물로 만들었"다는 고백이 바로 그것이다. 무엇을 해도 "스스로의 기준이 아니라 다른 사람이 어떻게 생각하는지가 기준"이 되었다는 것에서 보듯, 작가는 인정받기 위해 타인을 자신의 주인으로 세우게 되는 것이다.

과거는 그저 지나간 사건에 지나는 것이 아니다. 그것은 부단히 현재에 틈입해 들어와 자아의 정체성을 흔들고 타인과의 관계에 영향을 미친다. 그것은 본능이라 할 수 있는 친밀한 존재로부터 거부당했던 결핍에서 비롯되었다. 과거의 자아가 '지금 여기'의 자아를 자기의 주인으로 설 수 없게 만들고 있는 셈이다. 이때 자아는 무거운 짐을 지우는 주인의 명령에 온순하게 따르는 '낙타'와 다를 바 없다.

2) 저항하는 자아, 사자

작가는 무력했던 어린아이 때부터 부모가 시키는 대로 복종해야만 했다. 학교도 제대로 다니지 못하고 노동 현장에 뛰어들었다. 그 이후엔 사랑의 결핍을 보상받고자 하는 무의식적 욕망에 복종했다. 그러한 시간을 보내면서 작가는 끊임없이 자신의 행위를, 심리를, 정신을 회의한다. 그리고 변화한다. 중요한 것은 그것이 꼭 개인적 욕망과 관계에만 한정된 것이 아니라는 사실이다. 작가의 의식은 타자와의 관계로, 나아가 자아와 타자가 이루는 세계와의 관계에까지 범주가 확장되고 있다.

태어나면서부터 여자는 이래야 한다, 여자가 그러면 못써 등의 말을 듣고 자라서인지 대부분의 여자들은 순종적이다. 순종하기를 바라는 사회에서 다른 행동을 하려는 여자는 주변의 손가락질을 감당할 만큼 강한 기질을 가져야만 한다. 나는 강한 성격이 아니다. 아니 그보다는 부모에게 사랑받고 싶은 마음에 무조건 순종하는 아이였다. 부모의 마음에 들기 위해 내 욕구를 죽이고 시키는 대로 하고 살았다. 아이에서 어른이 되기까지 그런 생활태도는 별반 달라지지 않았고 시어머니와 남편의 뜻을 우선으로 여기며 지냈다.

그렇게 생활하던 나에게 언젠가부터 책에 나온 여성들처럼 의문이 생기기 시작했다. 알 수 없는 현상이었다. 없는 살림에 오지랖 넓은 남편, 아이들과 끊임없이 드나들던 손님들까지 하루 24시간이 부족한 나에게 불쑥불쑥 치고 나오는 '이게 전부인가?'라는 의문은 정말 뜬금없고 대책 안 서는 문제였다. 아무리 생각해도 답을 알 수 없는 의문이라 스스로 묵살하기를 얼마나 했던지, 지금도 의문이 생길 때마다 서둘러 '잊어야지' 하면서 고개 흔들던 내 모습이 선명하게 떠오른다.

참다못해 몇 번인가 '이게 전부인가?'란 질문을 남편이나 다른 여성들에게 한 적이 있다. 그럴 때면 한결같이 "남들도 그렇게 사는데 그만하면 됐지, 뭘 원하는 건데?", "복에 겨워서 그러지, 살 만하니까 그런 헛된 생각을 하는 거야"라는 답이 돌아왔다.

- 「이름 붙일 수 없는 문제」

젊은 시절 잠시 노동운동에 참여했던 적이 있다. 어린 나이지만 가족을 돌보기 위해 공장에서 일할 때였다. 새벽부터 밤까지 기계 소리와 라디오 소리에 묻혀 지냈다. 그 무렵 전태일에 대해서 알게 되었다. 청계천 봉제 공장의 노동자 전태일이 분신자살했다는 것을 비디오테이프를 통해 보게 된 것이다. 노동 현장의 열악함을 개선하려고 노력하다가 끝내 자기 목숨까지 바친 사람이 가슴을 아프게 했다.

- 「사월이면 생각나는 사람」

위 글들은 그저 시키는 대로 무거운 짐을 지고 가는 '낙타'의 정신에서 '사자'의 그것으로 전환하는 경계를 보여준다. 작가는 더는 여자인 이상, 노동자인 이상 이러이러해야 한다는 관습적 규범을 아무런 의심 없이 수용하지 않는다. 주어진 대로 사는 삶에, 타인이 원하는 삶에 "이게 전부인가?"라는 의문을 던진다. 그것은 관념적 차원을 넘어 실천적 행위로까지 이어진다. 사회의 차별과 부조리에 맞서 노동운동에 참여하기도 했고 여성 존재에 관한 문제를 외부를 향해 묻기도 했다.

'사자'의 정신이 위험하고도 불편한 까닭이 바로 여기에 있다. 오랜 시간 많은 사람이 암묵적으로 동의해왔던 것을 거스르는 것이기 때문이다. '남들도 그렇게 산다'거나 '살 만하니까 그런 헛된 생각을 한다'는 말들에서 다수의 불편함을 확인할 수 있다. 이처럼 작가는 자신의 개인적 무의식의 문제에서부터 사회적 문제에 이르기까지 끊임없이 성찰하고 질문하고 부정하고 저항하고 있다.

사람들에게 그런 생각을 하게 한 것은 바로 나 자신이었다. 아무 말 없이 하다 보면 언젠가는 마음을 알아주리라 여겼는데 그게 실수였다. 말을 했어야만 했다. '지금 힘들어', '나 좀 도와줄래?', '위로가 필요해', '힘이 되어주면 좋겠다.', 등등 그때마다 말을 했어야만 했다는 걸 이제야 알게 되었다. 난 그날 동생에게 말했다.

"이제 그만하자. 다시는 내게 어떤 요구도 하지 마. 따듯한 밥이 먹고 싶고, 가족의 정이 그리우면 와도 돼. 하지만 그게 다야. 난 네 엄마가 아니야."

입 벌리고 멍하니 있는 동생을 뒤로 하고 문을 닫았다. 그제야 머리가 맑아지면서 숨통이 트이는 것 같았다.

요즘 나는 거절하는 법을 연습하고 있다. 힘에 부치는 일을 요구하는 사람들에게 그건 할 수 없다고 말한다. 남이 나를 사랑해 주길 바라기 전에 내가 나 자신을 사랑하는 법을 배우는 중이다. 너무 늦게 시작해 서툴지만 이제라도 할 수 있어 다행이다.

-「취중진담」

인용한 작품에서 수필적 자아는 자신이 놓여 있는 현실과 그러한 현실을 초래한 자아의 내면을 직시하고 있다. 사랑받고 싶은 마음에 타인의 욕망을 채워주는 데 성실했던 자아와 그러한 선의를 당연한 것으로 여기고 도리어 당당하게 요구하는 타인의 태도에 대한 인식이 그것이다. 현실에 대한 인식은 변화를 가능케 한다. 작가는 타인의 시선에 끌려 다니던 자신과 이별하기로 한다. 그것은 자신의 내면에서 들려오는 소리에 집중하고 그것을 타인에게 말하는 행위로 드러난다. "힘에 부치는 일을 요구하는 사람들에게 그건 할 수 없다고" 거절하는 것과 같은 것들이다. 이는 "남이 나를 사랑해 주길 바라"면서 하는 것이 아니라 "내가 나 자신을 사랑하는 법"으로서의 행동이라는 사실에 의미가 있다.

3) 유희하는 자아, 어린아이

'세계에 내던져진 존재'라는 말이 있듯 인간은 주어진 본질이 있는 것이 아니라 자신의 선택을 통해 본질을 만들어가는 존재다. 그렇다고 선택이 온전히 자아 자신의 몫이라는 의미는 아니다. 자신의 의지대로 태어난 것이 아닌 것처럼, 무력한 존재로서 부모와 맺었던 관계를 통해 무의식에 고착된 정신적인 어떤 것이 선택에 개입하게 된다.

하희경 작가는 어렸을 때는 부모의 강요에 의해, 성장하고 나서는 결핍된 부모의 사랑과 인정을 대체할 타인의 시선에 의해 자신을 돌보지 않은 채 '착한 사람'으로 살았다. 작가는 그러한 과정과 그런 선택을 하게 된 자아의 내면을 치열하게 들여다본다. 그리고 그것을 부정한다. 그것은 진정한 자기의 의지에 의한 행위가 아니었기 때문이다. 이 저항과 부정의 정신이 '사자'가 표상하는 바다.

그렇다면 그의 삶 또한 모두 부정되어야 하는 것일까. 그렇지 않다. 곰곰이 생각해 보면 그 부정이란 것은 내 삶을 온전하게 주인으로 살고 싶다는 바람에서 비롯된 것이다. 다시 말해 삶의 긍정을 위한 부정이 되는 셈이다. '사자'의 부정은 '낙타'의 삶에 대한 경험과 인식에서 비롯된다. 그리고 그것을 초월한, 변화된 삶에 대한 희구에서 저항과 부정이 발현하게 되는 것이다.

나는 요즘 말랑말랑하게 변해가는 중이다. 주변의 요구에 맞추면서 어른인 양 몸에 힘주던 나를 풀어주었다. 하늘바라기를 즐기고 발가락이 꼼지락거리면 산과 바다를 찾아 나선다. 멀리 가지 못할 때는 동네 한 바퀴 돌면서 작은 여행을 한다. 비 내리는 날은 빗방울을 만나러간다. 햇살이 좋아서, 날이 흐려서, 바람이 불어서 좋다. 아무에게도 인정받지 못하고 나조차도 인정하지 않았던 내 안의 어린아이를 풀어주고 나니 들숨날숨이 편안하다. 공연히 웃을 일이 많아졌다. 이 아침 목련꽃을 뜯어먹는 직박구리를 보면서 말랑말랑한 봄날을 즐긴다.

― 「봄」

위 글은 작가가 '낙타'와 '사자'를 거쳐 '어린아이'의 단계에 들어섰음을 보여주고 있다. 먼저 "주변의 요구에 맞추"던 자아를 놓아주었다는 것에서 이를 확인할 수 있다. 작가는 '어린아이'가 활개 치지 못하도록 묶어두었다. 기왕의 글들을 통해 보면 '어린아이'는 주어진 핍진한 환경과는 상관없이 꿈을 꾸는 자아이다. 작가는 그 아이를 풀어주었다. 다른 사람의 눈치를 보면서 자신의 행동을 통제했던 자아가 환경의 지배에서 벗어나 주체적으로 환경을 수용하고 있는 것이다. 환경이 좋아져서가 아니다. 인생이란 맑은 날도, 흐린 날도 있게 마련이다. 맑으면 맑은 대로, 흐리면 흐린 대로 놀이를 하는 존재가 '어린아이'이다. "햇살이 좋아서, 날이 흐려서, 바람이 불어서 좋다."라는 고백은 바로 작가의 정신이 자유로운 '어린아이'의 그것에 닿아 있음을 보여주고 있는 것이다.

3. 자아를 더 강하게 만드는 고통

니체는 "나를 죽이지 못하는 고통은 나를 더 강하게 만든다."라고 했다. 하희경 작가에게 적확하게 적용되는 말이라는 생각이 든다. 작가는 자신에게 주어지는 절망적 현실에 힘겨워하기도 했지만, 결국엔 그 상황을 있는 그대로 인정하고 최선을 다한다. 그러나 작가 자신은 그것을 최선이라고 생각하지 않는다. 그러한 행동을 유발하게 한 근원적인 차원에까지 내려가 잔인하다고 생각될 만큼 냉철하게 원인을 파헤친다. 일반적인 시선에서는 '선행'이라 할 행위를 부정하는 까닭이 여기에 있다. 부정을 거쳐 자신을 '죽이지 못하는 고통'이 작가를 더욱 강하게 만들었다는 사실을 인정하게 된다.

살아오는 동안 하고 싶은 것들을 미루기만 했다. 숱한 변명들을 늘어놓으며 나의 나약함을 감추었다. 교묘하게 용기 없음을 감추고 남의 탓을 하면서 지내온 날들이 눈앞에 펼쳐진다. 어쩌면 조금 더 어려울 수도 있는 길이기에 지레 겁을 내고 피한 것이다. 남을 핑계로 삼는 한, 일이 잘못되어도 내 책임이 아니라는 것을 이용한 것이다. 아버지, 어머니, 남동생, 시어머니, 남편, 자식을 방패막이로 삼는 한 나는 착한 사람이면서 없어서는 안 될 필요한 사람이었다.

계집애라며 쓸모없는 취급을 당했던 내가 누군가에게 쓸모 있는 사람이 되는 게 기분 좋았다. 착한 사람이라는 말은 묘하게 중독성이 있어 마약처럼 빠져들게 했다. 착한 사람으로 지낸 날들이 분명 잘못은 아니다. 잘못이라면 다른 사람의 욕구를 채우기 위해 노력하는 만큼 내 욕구도 채워야 하는 걸 잊어버린 것뿐이다. 작은 소녀가 어른이 되기까지 정작 자신은 내버려두고 엉뚱하게 다른 사람의 인생만 챙긴 것이다. 착한 사람이란 이미지에 중독되어 먼 길을 돌았다.

-「그녀는 이별 중」

작가는 '시각 장애인 시설'에서 만난 자원봉사자와 결혼하여 (「종자돈 삼천 원」) 두 아이를 입양했을 뿐만 아니라(「가족이란」)

기회가 닿을 때마다 외면하지 않고 어려운 이웃들을 품었다.(「어떤 가족」) 사실 이러한 일들은 주위로부터 어떤 칭찬이 따른다고 하더라도 그것을 바라고 쉽게 하겠다고 나설 수 있는 것들이 아니다. 그런데 이 '선행'들을 두고도 작가는 자신 내면에 자리했던 '착한 사람'이라는 이미지에 대한 욕망을 직시한다.

하희경 작가는 자신의 삶을 '착하게 살았다'는 두루뭉술한 말로 포장하지 않는다. 오히려 그것이 타인에 의해 부여되는 "착한 사람이란 이미지에 중독"된 결과였음을 밝히고 있다. 이러한 통렬한 성찰은 자기 스스로도 돌보지 않은 자아에 대한 인식에 이르게 된다. "다른 사람의 욕구를 채우기 위해 노력하는 만큼 내 욕구도 채워야 하는 걸 잊어버린" 자아, "작은 소녀가 어른이 되기까지 정작 자신은 내버려두고 엉뚱하게 다른 사람의 인생만 챙긴" 자아가 바로 그것이다. 그렇다고 작가가 "착한 사람으로 지낸 날들"을 부정하는 것이 아님은 물론이다. 작가는 이제 타인의 시선이나 어린 날 채워지지 않았던 욕망에 휘둘려 자신에게 강요했던 '착한 사람'이라는 이미지와 "이별 중"이다.

아버지는 일제시대에 유학을 하고 지금도 존재하는 대기업에서 잘나가는 인재였다. 그러던 사람이 술로 인해 망가지기 시작했다. 그것을 견디지 못한 본부인이 내 어머니에게 슬쩍 자기 남편을 떠넘긴 것이다. 내 어머니에게 버려지듯 남겨진 아버지는 잃어버린 것들을 향한 몸부림을 술로 달랬다. 가끔 술에 덜 취한 날이면 나를 뚫어져라 바라보던 아버지의 눈길이 생각난다. 그 눈길의 뜻을 이제야 조금 알 것 같다. 어쩌면 아버지 역시 내가 아니었으면 되돌아갈 수 있었던 자신의 빛나던 날들을 생각했을지 모른다.

술에 영혼을 판 남자인 줄 모르고 넘겨받은 어머니는 살아있는 동안 내내 나를 원망했다. 나라는 존재가 태어나지 않았다면 당신이 그리 살지 않았을 텐데 하면서 말이다. 어쩌면 어머니의 그 말도 사랑이었을지 모른다. 내가 생기는 바람에 힘들어도 떠나지 않고 살았다는 말, 그 말속에는 그래도 널 버릴 수는 없었다는 뜻이 숨어있는 것이다. 자식이기에 버릴 수 없지만 눈앞에서 웃는 모습을 봐주기는 어려웠던 어머니의 그 마음이 어쩐지 슬프다.

- 「낙인의 힘은 무소불위다」

작가는 '원초적'이라 할 만큼 가장 가까운 존재로부터 부정당했던 경험을 하나하나 들여다본다. 그리고 그 원인을 헤아려본다. "아이를 낳으면서 당신 인생이 막다른 곳에 몰렸다고 생각한" 엄마, '내가 아니었으면 자신의 빛나던 일상으로 되돌아갈 수 있었을지도 모르는' 아버지에 대한 이해가 그것이다. 놀라운 것은 그 이해의 깊이이다. 작가는 '너라는 존재가 태어나지 않았다면 나는 그리 살지 않았을 것'이라는 원망의 말에서 사랑을 읽어낸다. "내가 생기는 바람에 힘들어도 떠나지 않고 살았다는 말, 그 말 속에는 그래도 널 버릴 수는 없었다는 뜻이 숨어있는 것"이라고 말이다. 그것은 이해를 넘어 "자식이기에 버릴 수 없지만 눈앞에서 웃는 모습을 봐주기는 어려웠던 어머니의 그 마음이 어쩐지 슬프다."라는 연민에까지 이르고 있다. 도대체 이러한 인식의 폭과 정서의 깊이는 어디에서 연원하는 것일까.

원인을 어느 한 가지로 규정지을 수 없음은 물론이다. 작가의 성정과 주변 환경도 영향을 미쳤을 것이다. 그러나 무엇보다도 작가의 배움에 대한 갈급과 열정, 그리고 글쓰기가 주요한 요인이 되었을 것으로 생각된다. 작가는 공장에 다니면서도 배움에 대한 꿈을 포기하지 않았다. 야근을 포기하면서까지 야학에 다닐 정도로 열정적이었다. 가족의 방해로 공부를 이어갈 수는 없었지만 그것이 오히려 배움에 대한 갈망을 부추기는 기제로 작용했다. 작가는 기회가 닿는 대로 책을 읽었고 그것이 훗날 글쓰기에까지 이어지게 된 것이다.

제게는 기억의 공백이 군데군데 있습니다. 마치 어떤 사고라도 당해 기억상실증에 걸린 것처럼 어린 시절의 몇 년간이 텅 비어있습니다. 어쩌면 특별한 부모를 만나 유난스런 일들을 겪으면서 늘 잊으려고 노력한 때문인지도 모릅니다. 가끔은 잃어버린 기억이 마음에 걸립니다. 언젠가 상담심리에 대한 공부를 할 때, 잃어버린 기억을 찾아 정리해야만 한다는 말을 들었습니다. 그래야 자신의 삶을 똑바로 살 수 있다고 하면서요. 그 말을 들은 뒤 한동안 기억을 되살려보려고 노력한 적이 있습니다. 하지만 오래전에 먼 길 떠난 기억은 돌아오지 않았고 몸과 마음이 많이 힘들었습니다. 결국 현실에 집중하면서 지난 일은 생각하지 않기로 결정했습니다. 그랬던 제가 글을 쓰기 시작하면서 달라졌습니다.

··· 중략 ···

글을 쓰기 위해 오랜 기억들을 끄집어내는 작업은 지난합니다. 자칫 감정을 추스르지 못해 며칠씩 우울하기도 합니다. 그럼에도 열심히 꺼낼 수밖에 없는 이유는 글이 가진 힘을 알게 되었기 때문입니다. 제게 글은 힘입니다. 남의 글을 읽으면서 미처 모르던 것을 알게 되고 때로는 위로를 받습니다. 무엇보다도 제 자신이 치유를 받습니다. 이왕이면 군

더더기 없이 잘 쓰인 글이면 좋겠지만 그렇지 않은 글도 누군가에게는 위로가 된다는 것을 알게 되었습니다.

― 「글을 쓰는 이유」

인간은 자기 보호를 위하여 충격적인 일이나 자아에게 고통을 주는 기억은 지우기도 한다. 무의식적이고 본능적으로 이루어지는 일이다. 작가에게도 그러한 "기억의 공백"이 있다. "마치 어떤 사고라도 당해 기억상실증에 걸린 것처럼 어린 시절의 몇 년간이 텅 비어" 있는 것이다. 작가에게 내재되어 있는 상처가 그만큼 깊고 고통스러운 것이라는 의미일 터다.

"외관상으로는 나도 분명히 어른이지만 내 안에는 어른을 무서워하는 어린아이가 도사리고 있었다."(「어른이 되고 싶다」)라는 고백처럼 하희경 작가의 내면에는 상처받은 채 자라지 않는 어린아이가 살고 있었다. 작가에게 글쓰기란 아무도 돌보지 않았던 그 아이를 들여다보고 아이의 이야기를 들어주는 일이었다. 그것은 현실의 자아가 건강하지 않다는 인식에서 비롯되었다. 작가는 마주하고 싶지 않은 오랜 기억들을 하나하나 꺼내어 글로 써낸다. 그것이 "며칠씩 우울"하게 만들기도 하지만 멈출 수 없다. 이러한 과정을 거쳐 '치유'에 이른다는 것을 체득했기 때문이다.

글을 쓴다는 것은 단순히 과거를 복기하는 것이 아니다. 외면하고 덮어두었던 상처의 정체를 정면으로 들여다보는 작업이다. 이를 통해 작가는 자신을, 자신의 삶을 객관적으로 볼 수 있게 된다. 정확하게 인식하기 위해서는 대상과의 거리가 필요하다. 숲속에 있을 때 숲을 볼 수 없듯이 자아를 들여다보기 위해서는 자아와의 거리가 필요하다. 현재 자아의 상태를 인식했을 때 그 자아로부터 벗어날 여지가 생긴다는 의미다. 거리를 두고 자아를 살펴볼 수 있을 때 현재보다 한걸음 더 나아간 진보의 거리를 확보할 수 있게 되는 것이다. 그 거리를 담보하게 하는 것이 바로 글쓰기이다. 작가에게 글쓰기가 '치유'이자 '힘'인 까닭이 여기에 있다.

4. 운명에 대한 사랑

가끔 궁금할 때가 있다. 지금과 꼭 같은 삶이 다시 한 번 반복된다고 한다면 얼마나 많은 사람이 기꺼운 마음으로 그 제안을 받아들일까. 아마도 좋은 환경을 전유했던 사람들이거나 주어진 환경과 관계없이 생에 대한 긍정을 견지했던 사람들이 수용하지 않을까. 전자의 경우는 확신할 수 없다. 노력과 상관없이 좋은 환경이 주어졌거나, 자신의 노력으로 성공을 성취했을 때라도 허무에 빠지는 경우를 종종 볼 수 있기 때문이다. 그러나 생에 대한 긍정의 태도를 견지한 경우엔 환경의 유불리를 떠나 삶의 반복을 긍정할 가능성이 크다. 생을 긍정하는 주체는 고통이 크면 클수록 생에 대한 의지 또한 그와 비례해 강해질 것이기 때문이다.

하희경 작가는 어떨까. 아마도 같은 삶을 다시 한 번 반복하고 싶지는 않다고 할 것이다. 지금보다는 좋은 환경에서 태어나 조금은 편안하게 공부도 하고 꿈을 이루고 싶다고 할 수도 있겠다. 그러나 그런 환경에서 살았다면 지금의 하희경 작가는 없었을 것이다. 지금의 작가를 있게 한 것은, 힘겨운 현실을 회피하지 않고 맞서 응전하며 끝내는 생을 긍정하기에 이르는 작가의 태도이기 때문이다.

무엇보다 작가는 이미 삶을 통해 그 대답을 보여줬다. 여러 선택의 갈림길에서 작가는 자신의 이익보다는 타인의 슬픔에 공감하고 그것을 해소하는 방향으로 자신의 삶을 이끌어왔다. 당연히 그로 인해 삶이 고단해지는 경우가 많았지만, 다시 그러한 상황에 맞닥뜨리게 되었을 때 또 어김없이 작가는 같은 선택을 해왔기 때문이다.

오래전 친정 부모와의 인연이 남들과 조금 다른 길을 걷게 했다. 난 어려워하는 사람을 보면 그냥 지나치질 못한다. 특히 부모와의 관계가 힘든 아이들을 보면 내 일처럼 가슴이 아프다. 이런저런 이유로 여러 아이들이 우리 가정에 머물다가 떠났다. 아이들과 인연을 맺은 이유는 때마다 다르지만 근본적으로는 하나였다. 울타리가 되어주어야 할 부모가 길을 잃고 방황할 때, 잠시나마 비바람을 피해 갈 수 있는 우산이 되어주고 싶었기 때문이다. 내게 있어 가족의 의미는 혈연이 아닌 감정의 문제였다.

때때로 힘에 부쳐 벗어나려고 노력한 적도 있다. 하지만 그런 상황에 처한 아이와 부딪히면 나도 모르게 다시 시작하게 된다. 가진 것 없고 힘없는 내가 오지랖 넓은 행동을 멈추지 못하는 걸 보면 어쩌면 이게 나의 달란트인지도 모른다. 조금은 특별한 아이들과의 만남이 하나의 가족이 되었고 그 가족이 내게 살아가는 힘을 주었다. 잠시 흔들리다가도 그 작은 선택의 순간들이 나를 이끌어 왔다.

―「어떤 가족」

어린 시절의 결핍이 사실 나쁘기만 한 건 아니었습니다. 부족한 부분을 채우려는 마음이 다양한 일을 할 수 있는 원동력이 되었기 때문입니다. 힘든 처지에 놓인 사람에게는 작은 관심이라도 큰 힘이 된다는 걸 알기에 가난한 살림에도 힘들어하는 사람들을 끌어안을 수 있었습니다. 덕분에 아이들을 입양하고 여러 곳에서 봉사활동을 하면서 열심히 살 수 있었습니다. 사랑받고 싶다는 마음이 제 삶을 이끈 겁니다. 노년으로 가는 길목에 들어선 지금, 그토록 받고 싶어 애쓰던 사랑이 제 안에 자리 잡고 있다는 걸 알게 되었습니다.

―「세 가지 소원」

니체는 "아모르 파티(Amor Fati)", 운명을 사랑하라고 했다. 그것이 주어진 운명을 받아들이라는 체념적 언표가 아님은 물론이다. 사랑이 어떻게 체념과 등가일 수 있겠는가. 사랑은 정열이다. 현실도 마찬가지이다. 인간이 자신의 삶을 사랑하는 경우가 얼마나 될까. 더욱이 고통스러운 현실을, 운명이라고 체념하면서 어떻게 사랑할 수 있겠는가. 인간이 자신의 고통스러운 삶을 사랑할 수 있는, 긍정할 수 있는 힘은 그의 삶에 대한 태도에서 나온다. 다시 말해 고통의 의미를 주어진 그대로가 아니라 자신의 의지로 새롭게 해석하고 그 삶을 주체적으로 헤쳐 나가기로 결의했을 때 있는 그대로의 자신의 삶을 긍정할 수 있게 된다는 말이다. 그 결과는 타자의 시선에 별 볼 일 없는 것으로 보일지 모르지만 그것은 중요하지 않다. 의지 그 자체가 중요한 것이다. 하희경 작가처럼 말이다.

하희경 작가는 끊임없이 자신의 의지가 어디에서 연원한 것인지, 만약 그것이 결핍으로부터 발현한 것이라면 그것을 진정한 의지라 할 수 있는 것인지 묻고 또 묻는다. 그리고 그 의지를 깎아내리기도 하고 냉정하리만큼 자신의 타인에 대한 선행을 부정하기도 한다. 그러나 부정을 통해 결국 다시 그 상황이 와도 같은 선택을 할 것이라는 사실을 확인하게 된다. 궁극적으로는 자신의 의지를, 이를 통해 이끌어 온 삶을 긍정하기에 이르는 것이다.

꿈은 꿈으로 끝날지 모른다. 처음 글쓰기를 시작할 때 50%의 시신경이 죽은 상태에서 시작했다. 삼 년째인 현재 75%의 시신경이 죽었다는 말을 들었다. 앞으로 어떻게 변할지 모르는 시력을 가지고 생활한다는 것은 맑은 가을날 느닷없이 불어 닥치는 겨울바람을 맞는 기분이다. 방심하고 웃다가 불쑥 눈가에 이슬이 맺힐 때도 있다. 오랜 시간 가슴에 품어 온 세상을 끝내 볼 수 없을지도 모른다는 사실을 인정하기 싫다. 시야가 좁아지면서 마음마저 덩달아 어둠에 잠긴다.

세상 거칠 것 없이 자신만만하던 내가 어느 순간 어린아이가 되었다. 기를 쓰고 버티던 동아줄이 툭 끊어지면 이런 느낌일까? 수시로 땅으로 곤두박질치는 나를 다루는 일이 쉽지 않다. 운명 따위는 상관없이 못 할 일이 없다고 생각했는데 갑자기 못하는 일이 많아졌다. 언제나 타인에게 도움이 되는 삶을 살려고 노력했던 내가 남의 도움을 받는 처지가 된다는 게 달갑지 않다. 생로병사는 선택이 아님을 알면서도 나만은 예외였으면 좋았을 걸 하는 생각을 잠시 해본다. 모두 부질없는 생각이라는 걸 알면서 말이다. 그 어둠이 내게 글을 쓰게 한다.

- 「바쇼 하이쿠 선집을 읽다」

처음 아프기 시작할 때만 해도 어지간히 복 없는 여자란 생각을 했다. 하지만 달리 생각하면 몸이 불편해지는 바람에 일에서 놓여날 수 있었다. 덕분에 공부를 할 수 있으니 감사한 마음이 드는 건 지나친 긍정일까? 이른 새벽이면 일어나 커피 한 잔을 마시면서 궁리한다. '오늘은 어떤 책을 읽을까, 무슨 즐거운 일을 할까.' 그런 생각으로 시작하는 하루가 즐겁다.

지금 이 순간은 머뭇거리며 망설이기만 했던 내게 온 귀한 선물이다. 난 이제 핑계가 찾아와 속삭이면 망설이지 않고 대답한다.

"지금은 내 시간이야. 널 방패 삼아 버려두었던 나는 이제 여기에 없어. 난 이제 이 행복한 순간을 놓지 않을 거야."

오래전 낯선 학교에서 교실 창문을 넘겨다보던 소녀가 웃는다. 끈질기게 붙어 다니던 핑계라는 친구와 이별 중인 그녀가 환하게 웃는다.

-「그녀는 이별 중」

안타깝게도 하희경 작가에게 고통은 여전히 현재진행형이다. 시력을 잃어가고 있기 때문이다. "꿈은 꿈으로 끝날지 모른다."는 생각은 어쩌면 누구나 할 수 있는 보편적인 생각일지 모른다. 그러나 하희경 작가에게 이러한 생각은 절망 중에서도 끝자락의 절망이라 할 수 있을 것이다. 어렸을 때부터 꿈꿀 수조차 없는 환경에서도 꿈을 생각해왔고 성인이 되면 주체적으로 살 줄 알았지만, 또다시 꿈을 미루어야만 하는 환경에 놓여 있었기 때문이다. 그런데도 작가는 "꿈이라는 것은 억누른다고 해서 없어지는 게 아니었나 보다."라며 꿈을 포기하지 않았다. 그랬던 그가 "꿈은 꿈으로 끝날지 모른다."라고 읊조리고 있는 것이다.

고통에 직면했을 때 그것을 극복하기 위해서는 먼저 인정하는 과정이 필요하다. 그러나 처음부터 인정될 리 없다. '믿을 수 없다'거나 '왜 하필 나여야 하는지' 등 현실을 부정하는 것이 가장 먼저 하게 되는 반응일 터다. 작가도 그랬다. '화가 났'고 "하필이면 이런 형태로 나를 쉬게 하나 싶어 아무에게라도 화풀이하고 싶"어했다. "남에게 화풀이하는 방법을 모르"는 작가는 자신을 괴롭혔다. '굴을 파듯이 자신 안에 틀어박혀 온갖 우울하고 불행한 일들을 곱씹'기도 했고(「알고 싶다」) "어지간히 복 없는 여자"라고 운명을 탓하기도 했다.

이러한 과정을 거쳐 작가는 자신의 현실을 인정하고 생각을 전환한다. "몸이 불편해지는 바람에 일에서 놓여날 수 있었"고 "덕분에 공부를 할 수 있"게 되었다는 것이다. 한 걸음 더 나아가 작가는 고통스럽다면 지극히 고통스러울 현실에 대해 "귀한 선물"이라며 오히려 "감사한 마음"이 든다고 고백하고 있다. 어떤 고난도 그의 꿈을 향한 행보를 멈추게 할 수는 없을 듯하다. 그것은 작가에게 자신을 방치하게 하는 '핑계'일 뿐이다.

작가는 자신이 하고 싶은 것들을 미룬 것은 현실 때문이 아니라고 단언한다. 현실 때문이라고 생각한 과거에 대해 "숱한 변명들을 늘어놓으며 나의 나약함을 감추었"다고, "교묘하게 용기 없음을 감추고 남의 탓을 하면서" 자신을 '버려두었다'고 성찰한다. 이러한 뼈아픈 성찰이 있었기에 "널 방패삼아 버려두었던 나는 이제 여기에 없어."라고 선포할 수 있게 된 것이 아닐까.

돌이켜 생각해보면, 지난날 키다리 아저씨는 곳곳에 있었다. 내가 키다리 아저씨를 찾아 헤매는 동안 여러 모습으로 곁에 있었던 것이다. 처음 『키다리 아저씨』란 책을 건네준 이웃집 아저씨, 힘들어할 때마다 안아주며 힘을 주던 수녀님, 수시로 도움을 건네준 여러 선생님, 모녀지간의 좌충우돌을 말없이 지켜본 가족, 당시에는 알지 못했지만 그들 모두가 키다리 아저씨였다.

-「키다리 아저씨」

내게 있어 가족이란 의미는, 한 시대를 살면서 서로의 아픔을 보듬어 줄 수 있는 사람이라면 누구나 가족이다. 더불어 자식이란 말의 의미도 배 아파 낳은 자식만을 뜻하지 않는다. 난 열 손가락으로도 셀 수 없을 만큼 많은 자식이 있다. 하나하나 꼽아보면 늘 보고 싶고 안아주고 싶은 아이들이다. 비록 지금은 나의 부족함으로 연락이 끊어졌지만 언제나 아이들을 위해 기도한다. 한때나마 인연 맺었던 아이들이 어디에서 무엇을 하든 건강하고 행복하기를 바라면서…

-「가족이란」

작가가 '키다리 아저씨'를 찾아 헤맬 수밖에 없었던 까닭은 그만큼 가족으로부터의 결핍감과 상처가 컸기 때문이다. 하희경 작가는 그러한 상처를 외면하거나 분노로 표출하지 않았다. '키다리 아저씨'라는 희망을 포기하지 않았으며 자신 또한 결핍이 있는 이들에게 '키다리 아저씨'가 되어주었다. 그들의 상처를 누구보다 잘 이해할 수 있었기 때문이다.

무력 무구했던 어린 날부터 가족으로부터 상처를 받아왔던 작가는 오히려 '가족'의 의미를 확장한다. 작가에게 가족이란 "한 시대를 살면서 서로의 아픔을 보듬어 줄 수 있는 사람이라면 누구나 가족"이다. '자식'의 의미 또한 "배 아파 낳은 자식"에 한정되지 않는다. 입양하여 키운 아이들도 있고 시설에서 보살피던 아이들도 많다. "하나하나 꼽아보면 늘 보고 싶고 안아주고 싶은 아이들" 모두 작가에게는 '자식'이다.

작가의 상처는 상처에 머물지 않았다. 작가는 상처를 매개로 자신을 파괴하는 괴물로 자라지도 않았다. 오히려 그의 상처는, 타자를 이해하고 사랑하는 기제로 자리하고 있다. 자신 또한 타인에게 키다리 아저씨가 되어주면서 작가는 자신 주변에 늘 키다리 아저씨와 같은 존재가 있었음을 깨닫는다.

5. 나가며

수필은 그 어떤 장르의 문학보다 작가의 삶이 잘 드러난다는 특징이 있다. 자신의 경험을 소재로 삶의 진실을 드러내는 장르이기 때문이다. 여기에서 우리는 수필 장르가 획득하고 있는 두 가지 의미를 읽어낼 수 있다. 첫째 수필은 치유로서의 글쓰기에 가장 부합하는 장르라는 점이다. 자신의 삶을, 내면을 깊이 들여다보고 진솔하게 드러내는 과정을 포함하고 있기 때문이다. 아픔과 부끄러움을 쓰는 과정에서 자아는 건강해지고 부끄러움에서 벗어날 수 있게 된다. 둘째 같은 맥락에서 수필의 경우 글의 완성도란 궁극에는 삶의 완성도와 긴밀하게 연결된다는 사실이다. 글을 잘 쓰기 위해서는 그 어떤 기법을 단련하는 것보다 삶을 잘 가꾸어야 한다는 의미가 수필에서는 성립하게 되는 것이다.

하희경 작가의 첫 수필집 『민낯』의 경우 이러한 특징들을 담보하고 있는 수필 문학의 전범이라 할 만하다. 상처받은 채 자라지 않는 내면의 '어린 자아'가 서서히 성장해 '키다리 아저씨'가 되는 과정을 보여준다. 그것은 '낙타'와 '사자'로 표상되는 정신적 단계를 거쳐 자유로운 '어린아이'의 세계로 나아가는 과정이기도 하다. 어떠한 환경에서도 꿈을 잃지 않고 끝끝내 삶을 긍정하는 태도가 감동을 준다. 치유의 과정으로서의 글쓰기도 그러하거니와 자아를, 삶을 더 높은 지점으로 끌어올리고자 하는 작가의 고투가 감동을 주고 있다는 의미이다. 하희경 작가의 글에서 절망과 괴로움은 더 큰 긍정을 위한 발판으로 작용한다. 아픔만큼 성숙한다는, 식상한 진실을 생생하게 현현해 보여주고 있는 것이 하희경 작가의 삶이고 글이다.

그러나 수필이 문학인 이상 작가의 감동적인 삶과 그 태도만으로 완성될 수 없음은 물론이다. 문학성이 담보되어야 한다는 의미이다. 하희경 작가의 『민낯』에서도 그러한 미적 감각을 확인할 수 있다. 다만 『민낯』이 작가의 첫 번째 수필집인 만큼 그 가치가 전자, 즉 자신의 삶을 진솔하게 드러내면서 획득하게 되는 치유의 의미에 더 기울어있을 뿐이다. 그래서인지 작가 자신이 아닌 타자의 관점에서 쓴 작품일 경우 이러한 미적 감각이 훨씬 잘 드러나는 경향을 보인다. 고양이가 화자가 되어 글을 이끌어 가고 있는 「고양이의 수다」가 대표적 예가 될 것이다. 「혼자 노는 아이」나 「시인과 여공」의 경우 수필의 경계를 자유롭게 넘나들며 동화의 세계나 시적 감수성을 느끼게 하는 작품들이다. 앞으로 펼쳐질 작가의 작품세계가 기대되는 까닭이 여기에 있다. 그의 두 번째 수필집이 벌써 기다려지는 이유이기도 하다.

생의 긍정에 이르는 성실한 발걸음, 삶이 문학이 되는 그 투명하고도 아름다운 여정, 이것이 하희경 작가의 첫 번째 수필집 『민낯』이 함의하고 있는 바다.

민낯

펴낸날 _ 2022년 10월 26일 (초판 1쇄)
지은이 _ 하희경 이사벨라
펴낸곳 _ 기획출판 오름 / 발행인 _ 김태웅
      등록번호 _ 동구 제364-1999-000006호
      등록일자 _ 1999년 2월 25일
      주소 _ 대전광역시 동구 대전로 815번길 125 2층 (삼성동)
      전화 _ 042.637.1486
      팩스 _ 042.637.1288
      E-mail _ orumplus@hanmail.net

ISBN _ 979-11-89486-68-9

값 13,000원

· 잘못된 책은 바꾸어드립니다.
· 지은이와의 협의에 의해 인지는 생략합니다.
· 본 책 내용의 전부 또는 일부를 재사용하려면 반드시 저자의 동의를 얻어야 합니다.

※ 이 책은 한국예술인복지재단(Korean Artists Welfare Foundation)에서 발간비를 보조 받았습니다.